KB195312

한국사,
최대한 쉽게 설명해 드립니다

한국사, 최대한 쉽게 설명해 드립니다

한국사의 전체 흐름을 선명하게 그리다!

초판 1쇄	찍은 날 2024년 11월 28일
초판 1쇄	펴낸 날 2024년 12월 5일
지은이	이재석·정헌경 지음
발행인	육혜원
발행처	이화북스
등 록	2017년 12월 26일(제2017-0000-75호)
전화	02-2691-3864
팩스	02-307-1225
전자우편	ewhabooks@naver.com
편집	정이화
디자인	책은우주다
ISBN	979-11-90626-30-9 (04300)

한국사의 맥을 잡아 주는 50가지 재미있는 주제

한국사의 전체 흐름을 선명하게 그리다!

한국사

최대한 쉽게 설명해 드립니다

이재석·정헌경 지음

이화북스

추천의 글

역사가 마르크 블로크는 자신의 역사 연구 글쓰기를 매일의 과제에 대해 성찰하는 숙련공의 메모에 비유한 적이 있다. 이 책을 구성하는 한국사 주제 하나하나에서는 역사 자료와 문헌을 통해 최선의 역사 설명을 구성해나가는 숙련공의 기예와 더불어 역사 읽기의 즐거움을 안겨주는 이야기꾼 저자의 시각이 빛난다.

　'쉽게 풀어 쓴' 한국사 서적 중에는 흥미 위주의 일화 소개로 흐르거나 '상식'으로 갖추어야 한다고 생각하는 역사 사건의 나열에 그치는 경우가 많다. 반면 이 책에 등장하는 일화들은 각각의 일화가 속한 시대의 전반적 환경 속에서 조명되기 때문에 이미 사라져서 우리가 볼 수 없는 사회상에 대한 생생한 이해를 도와준다. 더 나아가 이 책에서 정치적 변동이나 사회 변화를 포착하는 방식은 역사 이야기들의 단순 '총합'을 넘어선다. 역사 속 특정 장면과 사건을 형성한 전후의 맥락에 대해 파악하고 중요한 영향 요인을 고려하면서 사건의 흐름을 서술하기 때문이다.

　현재 속에 드리워져 있는 역사에 대한 관심을 환기하는 서술도 곳곳에 포진해 있다. 이 책을 읽다 보면 역사적 경험의 자장 속에서 오늘날 주변에서 벌어지는 일들을 돌아볼 수 있게 해주는 연결 다리를 만날 수 있다. 해동성국 발해의 역사에서 살펴본 만주라는 공간과 중국의 '동북공정' 연구 프로젝트, 전근대 동아시아 조공과 책봉 관계 속에서 생각해보는 오늘날 한반도의 지정학적 위치, 1970년대 대중문화에 대한 정부의 통제와 오늘날 대중문화의 양상 등 생각해볼 거리가 풍성하다.

고조선에서 '서울의 봄'에 이르는 긴 여정을 안내하는 이 책은 한국사의 흐름을 당대의 논리로 이해할 수 있도록 도와주는 동시에 현재진행형인 역사에 대한 관심을 불러일으키는 좋은 사례이다. 우리는 현존하지 않는 과거를 돌아볼 때 역사적 현실의 복잡성을 과도하게 단순화하는 경향이 있다. 일면적 역사 해석의 함정에 쉽게 빠지지 않기 위해서는 의미 있는 역사상을 구축하는 기반을 갖추어야 한다. 이러한 기초를 다지는 데 필요한 역사 이해의 폭을 한층 넓혀주고 '우리 안의 과거'에 대한 관심을 불러일으키는 이 책의 독자가 되기를 권한다.

박주현(한국교원대학교 역사교육과 교수)

들어가는 글

『한국사, 최대한 쉽게 설명해 드립니다』는 한국사 입문서다. 이 제목을 곰곰 생각하자니 대학교 첫 수강신청 무렵 들은 말이 떠올랐다. "입문, 개론이 붙은 수업은 재미없다." 이 말은 반은 맞고 반은 틀리다. 입문, 개론은 학문에 개괄적으로 접근하면서 연구사와 이론을 주로 소개하는데 학생들이 그런 수업에 관심을 갖기는 쉽지 않다. 하지만 구체적인 내용, 재미난 주제, 참신한 시각을 곁들인다면 입문, 개론도 충분히 흥미를 유발할 수 있다.

한국사는 어릴 때부터 접하는 과목이자 소설, 드라마, 영화, 게임 등의 소재로도 친숙하다. 그럼에도 많은 사람들이 한국사를 어렵고 복잡한 학문으로 여긴다. 한국사 입문서가 끊임없이 쏟아져 나오는 이유이다. 이화북스 '누구나 교양' 시리즈 열 번째 권인 이 책은 '최대한 쉬운' 설명을 내걸고 있다. 쉽다고 해서 짧고 간단한 것은 아니다. 시대별, 주제별 전공자들이 쓴 많은 연구서와 개론서, 연구 논문 등이 녹아 있기 때문이다. 여기에 출판사를 통해 받은 10대부터 60대에 이르는 분들의 소중한 의견을 반영하였다.

이 책은 한국사의 주요 내용을 충실하게 서술하면서 한 걸음 더들어간 내용을 군데군데 넣었다. 고조선부터 1980년대 민주화운동까지 큼직큼직한 50가지 주제를 선정하고 그 안에 광개토대왕릉비, 고대 한일 교류 등 최근 주목받고 있는 주제를 박스 글로 곁들였다. 신라 여왕, 인쇄술, 천문학 등 확장해서 넣은 주제도 있다. 근현대사 서술에서는 차분한 기조를 유지했다. '건국전쟁', '서울의 봄' 등이 일으킨 뜨거운 파도에 휩쓸리지 않기 위해 침착하게 써나갔다.

2014년 이 책의 저자 한 명은 첫 번째 저서를 세상에 내놓았다. 그는 책의 머리말에 고마운 마음을 전하면서 풋풋한 역사학도로 성장한 아들을 언급했다. 이 책은 그로부터 10년이 지나 두 사람이 같이 쓴 결과물이다. 목차를 분담해서 쓰기 시작했지만 관련 자료가 수시로 오가고, 안 풀리는 부분을 의논하고, 몇 차례나 바꿔 읽으며 보완하는 과정을 거쳐 원고가 완성되었다. 샘플 원고를 쓴 때가 2019년 여름이니 출간까지 5년여의 시간이 걸린 셈인데, 이 기간은 닮은 듯 다른 두 사람이 서로 조력자임을 확인하는 시간이었다.

"희망은 본래 있다고 할 수도 없고, 없다고 할 수도 없다. 그것은 지상의 길과 같다. 사실은, 지상에는 길이 없었는데, 걸어 다니는 사람이 많아지자 길이 된 것이다." 중국 작가 루쉰이 단편소설 「고향」에서 한 말이다. 선학들의 피땀 어린 연구가 없었다면 우리는 캄캄한 어둠에서 방향을 잡지 못했을 것이다. 어렴풋이 남아 있는 그들의 발자취를 가늠하며 졸고를 세상에 내놓는다. 이 책 또한 한국사의 길잡이로 기능할 수 있다면 좋겠다.

이재석·정헌경

차
례

● 추천의 글 4   들어가는 글 6

1 ● 우리 역사에서 처음 등장하는 국가, 고조선   11

2 ● 동아시아에서 독자적인 세력권을 구축한 고구려   17

3 ● 아깝게 사라진 선두 주자, 백제   23

4 ● 통합되지 않은 여러 나라, 가야   29

5 ● 왜 신라에만 여왕이 있었을까?   36

6 ● 백제·고구려의 멸망과 나당 전쟁   41

7 ● 남쪽의 신라와 공존한 해동성국 발해   46

8 ● 고려의 건국과 후삼국 통일   52

9 ● 고려의 정치 제도와 지배층   57

10 ● 10~11세기 동아시아 국제 관계와 고려-거란 전쟁   61

11 ● 12세기 여진의 성장과 고려   66

12 ● 무신들이 반란을 일으키다   70

13 ● 몽골과의 전쟁과 무신 정권의 붕괴   75

14 ● 구텐베르크보다 앞선 인쇄술 발달의 이면   81

15 ● 고려에서 조선으로: 역성혁명의 주역들   86

16 ● 왕권과 신권의 조화를 꾀한 조선의 중앙 정치 제도   92

17 ● 천명을 내세운 정치에서 천문학이 가졌던 의미   97

18 ● 조선 전기의 대외 관계와 정벌   102

19 ● 반백년 동안이나 일어난 사화   107

20 ● 전근대 동아시아 외교의 핵심, 조공과 책봉   112

21 ● 한·중·일 삼국의 전면전, 임진왜란   117

22 ● 치욕의 역사, 병자호란의 전말   123

23 ● 조선 시대의 세 가지 세금과 그 변천   128

24 ● 붕당 정치와 영조·정조의 탕평책   132

25 ● 제국주의와의 조우: 흥선대원군과 고종   138

26 · 임오군란과 갑신정변   145

27 · 동아시아의 지각 변동: 동학, 청일 전쟁, 갑오개혁   150

28 · 러시아와 일본 사이에서   155

29 · 러일 전쟁부터 한일 병합까지   161

30 · 3·1 운동과 임시정부의 수립   166

31 · 독립운동의 다양한 양상   170

32 · 디아스포라와 조선인의 삶   176

33 · 한국사를 둘러싼 일제와 조선의 경합   181

34 · 세계 대공황과 전시 체제에 돌입한 조선   185

35 · 1945년 8월 15일 열린 해방(1)   190

36 · 1945년 8월 15일 열린 해방(2)   195

37 · 미소 냉전과 좌우 갈등   199

38 · 통일 정부 수립을 위한 노력과 좌절   205

39 · '두 개의 한국'과 전쟁의 씨앗   209

40 · 내전이자 국제전, 한국전쟁   214

41 · 전쟁 이후 1950년대 남북한의 모습   221

42 · 이승만 정권을 무너뜨린 4·19 혁명   226

43 · 제2공화국의 짧은 실험과 5·16 쿠데타   231

44 · 군사정부에서 제3공화국으로   237

45 · 경제 성장의 빛과 그림자   243

46 · 데탕트와 유신: 세계와 한국(1)   247

47 · 청년 문화와 대중문화의 확산   253

48 · 데탕트와 유신: 세계와 한국(2)   257

49 · 12·12 쿠데타와 '서울의 봄'   263

50 · 전두환 정권의 성립과 1980년대 민주화운동   268

참고 문헌 274   도판 출처 279

» 1 «

우리 역사에서 처음 등장하는 국가,
고조선

고조선의 원래 이름인 '조선'은 『관자』라는 중국 책에 처음 보인다. 이 책에서 고조선은 제나라(오늘날 중국 산둥반도)에서 아주 멀리 떨어진 지역에서, 무늬가 있는 가죽을 생산하는 나라로 서술되었다. 최근 학자들은 『관자』를 기원전 4세기 무렵 여러 학자가 관중의 이름을 빌려 만든 책으로 추측한다. 그렇다면 이 무렵 고조선의 존재가 기록에 남은 셈이다.

고조선이라는 말을 처음 쓴 사람은 고려 후기 승려 일연이다. 그는 『삼국유사』에서 고조선이라는 제목을 붙이고 '왕검조선'을 부제로 달았다. 단군왕검이 세운 조선을 옛 조선, 위만이 정권을 잡은 뒤의 조선을 새 조선이라 여긴 것이다. 요즘에는 고조선에 위만 조선을 포함시켜, 1392년에 건국된 조선 왕조와 구분한다.

『삼국유사』에는 고조선 건국 이야기 중 가장 오래된 기록이 실려 있다. 그 내용을 핵심만 간추리면 다음과 같다.

환인의 아들, 환웅은 자꾸만 하늘 아래 세상에 관심이 갔다. 환인이 삼위태백을 내려다보니 널리 인간을 이롭게 할 수 있겠다 싶어 환웅을 아래로 내려보냈다. 태백산 신단수 아래 내려온 환웅은 바람을 맡은 신, 비를 맡은 신, 구름을 맡은 신을 거느리고 인간 세상을 다스렸다. 이때 사람이 되고 싶어 하는 곰과 호랑이가 있었다. 사람이 되려면 100일 동안 햇빛이 비치지 않는 곳에서 쑥과 마늘을 먹어야 했다. 호랑이는 참다못해 동굴에서 뛰쳐나갔지만, 곰은 잘 참아 삼칠일(21일) 만에 웅녀라는 여인이 되었다. 환웅은 잠시 사람이 되어 웅녀와 결혼해 아들을 낳고 이름을 단군왕검이라 했다. 단군왕검은 고조선을 세워 1500년 동안 다스린 후 산신이 되었다.

단군의 할아버지 환인은 하늘의 최고신이다. 그의 아들 환웅이 하늘에서 내려와 단군의 아버지가 되었다. 원래 곰이었던 웅녀는 땅의 신으로 숭배되었을 것이다. 할아버지부터 부모까지 모두 신성하니 단군은 보통 인간과 다를 수밖에 없다. 이 이야기는 특출한 단군을 부각해 그의 지배를 정당화하고 있다.

단군왕검에서 '단군'은 제사장, '왕검'은 정치적 지도자를 뜻한다. 제사장이 정치도 이끌던 시절, 군장(우두머리)을 일컫는 일반 명사가 단군왕검이었을 것이다. 단군왕검이 다스렸다는 1500년은 옛사람들이 기나긴 시간을 표현한 것일 수도 있고, 고조선의 여러 군장

단군이 하늘에 제사를 지냈다고 전해지는 강화 참성단. 이곳에서 개천절이면 제사를 지내고, 전국 체전의 성화에 불을 붙인다.

이 다스린 기간을 합친 것일 수도 있다.

바람·비·구름을 맡은 신이 각각 있었다는 부분은 농사가 중시된 사회였음을 말해준다. 환웅은 이런 신들을 거느리고 곰, 호랑이 위에 군림한다. 이를 통해 지배-피지배 관계가 나타났음을 알 수 있다. 보편화된 농사, 불평등한 관계, 그리고 남신은 하늘에, 여신은 땅에 있다는 믿음은 청동기 시대에 나타났다. 이러한 청동기 문화를 바탕으로 고조선이 세워졌다.

고조선의 건국 시점은 분명히 밝혀지지 않았다. 『삼국유사』에서는 요임금 때 고조선을 세웠다고 했는데, 요임금은 중국의 전설 속 요순시대를 이룬 두 군주 중 한 명이다. 전설상의 연대를 알 턱이 없지만 송나라 때 요임금의 즉위 연도를 추정한 적이 있다. 그 후 조선 성종 때 펴낸 『동국통감』에서 추정한 서술을 근거로 기원전 2333년이 사실처럼 굳어졌다. '반만 년의 우리 역사'라는 표현이 여기서 생겨났고, 단군기원도 이 연도를 기준으로 계산한다.

『삼국유사』를 쓴 일연은 고려와 몽골의 전쟁을 겪고 원 간섭기인 충렬왕 때까지 살았다. 고려 사람들은 몽골에 맞닥뜨리며 그들과 다른 '우리'를 자각했을 것이다. 그러한 각성과 위기의식 속에 일연은 우리 겨레의 시조, 단군이 최초로 나라를 세운 이야기를 풀어놓았다. 비슷한 시기에 이승휴도 『제왕운기』에 고조선 건국 이야기를 담았는데, 그 이야기 속에는 곰과 호랑이가 나오지 않는다. 고조선 건국 이야기는 일연과 이승휴가 책에 쓰기 전, 아주 오래전부터 입에서 입으로 전해졌다. 그러는 과정에서 갖가지 형태의 이야기가 생겨났을 것이다.

고조선의 세력이 어느 정도였는지는 『전국책』, 『위략』 등 중국 기록에 나타나 있다. 기원전 4세기 무렵 고조선은 전국 7웅 중 하나인 연나라와 세력을 다툴 만큼 국력이 강했다. 이 무렵 중국은 전국 시대였다. 언제 그칠지 모르는 전쟁을 피해 중국에서 많은 사람들이 고조선 땅으로 넘어왔는데, 이들과 함께 철기 문화도 전해졌다. 고조선은 철기 문화를 바탕으로 세력을 훌쩍 키울 수 있었다.

그 후 진나라가 중국을 최초로 통일했지만, 15년 만에 진나라가 무너지고 나서 한나라가 세워졌다. 한나라를 세운 유방은 한신을 비롯해 가까운 신하들을 모조리 없애면서 왕권을 강화했다. 토끼를 잡고 나면 사냥개를 삶아 먹는다는 뜻의 토사구팽이란 말이 여기서 생겨났다. 이런 분위기 속에, 유방의 죽마고우였던 연나라 왕 노관이 흉노국으로 망명했다. 그러자 노관의 부하였던 위만은 고조선으로 넘어왔다.

고조선의 준왕은 위만을 신하로 삼고 서쪽 변경의 수비를 맡겼다. 기원전 194년 무렵 위만은 준왕을 몰아내고 왕위를 차지한다. 이때 쫓겨난 준왕은 남쪽으로 내려가 한(韓)이라는 나라를 세웠다. 우리 겨레를 일컫는 한민족이 여기서 유래한 말이다.

위만이 집권한 후에도 나라 이름은 바뀌지 않았고, 고조선의 틀 안에서 발전이 이루어졌다. 고조선은 주변 세력을 복속시켜 넓은 땅을 차지하며 전성기를 누렸다. 한반도 남쪽 나라들과 한나라 사이에서 무역하며 많은 경제적 이익을 얻기도 했다.

그런데 고조선은 "흉노의 왼팔"이라고 『한서』에 기록될 만큼 흉노와 친밀했다. 진나라, 한나라는 흉노라면 치를 떨었다. 진시황이 만리장성을 쌓고, 한 무제가 장건을 서역에 파견해 동맹국을 찾을 만큼 흉노는 중국에 두려운 존재였다. 한 무제는 흉노와 손잡은 고조선을 공격하기로 결심한다. 위만의 손자인 우거왕이 고조선을 다스리고 있을 때였다. 한나라의 육군과 수군이 대거 파견되어 고조선을 공격했지만, 고조선은 잘 막아낸 것은 물론 승리를 연달아 거두었다. 한 무제가 사신을 보내 협상하자고 할 만큼 고조선은 만만찮은 상대였다. 이 제안에 고조선 태자가 말 5천 필과 군량미를 싣고 한나라로 향했지만, 국경에서 무장 해제하라는 요구에 반박하여 고

조선으로 돌아가고 만다. 그러고 나니 전쟁은 더욱 끝을 알 수 없게 되었다.

고조선은 내부 분열을 겪다가 한나라에 항복하기로 결심한 사람들이 우거왕을 죽였다. 그 후 성기라는 신하가 마지막까지 항전했지만, 그 또한 고조선 사람들에게 죽으면서 1년여를 끌던 전쟁이 끝났다. 기원전 108년 고조선은 그렇게 멸망하고 말았다. 사마천은 『사기』에서 "한나라의 육군과 수군이 모두 욕을 당했고 공신으로 봉해진 장수도 없었다"고 평가했다. 한나라 군대가 고전을 면치 못할 만큼 고조선은 막강한 군사력으로, 끈질기게 싸웠던 것이다. 이러한 고조선의 씩씩한 기상과 전통은 고구려로 이어졌다.

» 2 «

동아시아에서
독자적인 세력권을 구축한 고구려

고구려는 압록강 유역, 산간 지대에서 출발한 작은 나라였다. 주몽이 터를 잡은 졸본은 중국 랴오닝성 환런현 오녀산성 지역으로 짐작된다. 농경지가 얼마 없는 이곳을 시작으로, 고구려는 조금씩 세력을 뻗어나갔다. 부러진 칼을 갖고 찾아온 주몽의 아들, 유리왕은 압록강 가까이에 있는 국내성(중국 지린성 지안시 일대)으로 수도를 옮겼다. 이후 만주와 한반도, 양방향으로 고구려의 정복 활동이 펼쳐졌다.

3세기 전반에는 한나라가 멸망하고 중국이 위, 촉, 오 삼국으로 나뉘었다. 중국에 통일 국가가 사라졌으니 고구려가 영토를 넓힐 좋은 기회였다. 하지만 고구려는 위나라 장수 관구검의 공격으로 국내성과 환도산성이 함락되는 위기를 맞았다. 중국의 분열은 오래갔다. 5호 16국 시대가 펼쳐진 4세기, 고구려는 본격적인 영토 확장에 나섰다. 이때 고구려는 한사군 중 하나인 낙랑군을 점령한 데 이어, 후

광개토대왕릉비. 압록강이 보이는 중국 지린성 지안시에 우뚝 서 있다. 왕위에 있었던 불과 20여 년간 온 힘을 다해 영토를 넓힌 그의 업적이 새겨져 있다.

한 때 공손씨 정권이 설치한 대방군을 점령해 한반도 서북 지역을 장악했다. 뒤이어 부여의 중심부도 차지했다. 그러나 전연이라는 막강한 나라가 있어서 요동으로는 나아갈 수 없었다.

요동 진출은 광개토대왕 때 가서야 이루어진다. 그는 '영락'이라는 연호를 만들어 생전에 영락대왕이라 불렸다. 『삼국사기』에는 '광개토왕'으로 기록되었지만, 광개토대왕릉비에 따르면 정식 시호는 '국강상광개토경평안호태왕'으로 열두 자나 된다. '국강상'은 왕릉이 도성 언덕에 있음을 뜻한다. '광개토경'에는 영토를 넓힌 업적이 담겼다. '평안'은 그가 다스리던 시절에 백성이 평안했음을 말해준다. '호태왕'은 왕을 높여 부른 말이다. 그가 특출한 왕이었음은 이렇게 유독 긴 시호에도 나타나 있다.

광개토대왕은 즉위하자마자 남쪽의 백제부터 쳤다. 백제와 싸우다가 죽은 할아버지 고국원왕의 원수를 갚기 위해서였다. 그는 백제의 여러 성을 함락하고, 중요한 요새인 관미성도 빼앗았다. 신라는 국가 발전이 더뎌 고구려의 적수가 못 되었다. 광개토대왕릉비에 따르면 왜군이 밀려들자 다급해진 신라 내물왕이 고구려에 도움

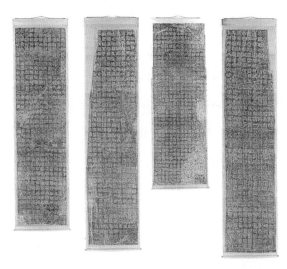

광개토대왕릉비 탁본

을 청하기까지 했다. 이에 광개토대왕은 5만 명의 군대를 보내 왜군을 몰아냈다. 이러한 군사 원조로 고구려는 신라를 거의 지배하다시피 했다.

요동으로 나아가려면 서쪽의 후연을 쳐야 했다. 광개토대왕은 몇 년에 걸쳐 후연을 공격한 끝에 요동을 손에 넣고 만다. 그는 줄곧 전쟁을 벌였다. 덕분에 고구려 영토는 사방으로 넓어졌지만, 광개토대왕은 늘 긴장하고 무리한 탓일까, 오래 살지 못했다.

광개토대왕이 열어젖힌 고구려의 전성시대는 아들 장수왕 때로 이어졌다. 장수왕은 427년 수도를 평양으로 옮긴 후 남쪽으로 영토를 넓히는 데 힘썼다. 백제를 치기 전, 장수왕은 승려 도림을 스파이로 보냈다고 한다. 백제 개로왕은 바둑 두는 재미에 푹 빠져 있었다.

도림은 뛰어난 바둑 실력으로 개로왕의 마음을 사로잡을 수 있었다. 개로왕이 단단히 믿는 눈치가 보이자, 도림은 백제 발전을 위한 조언이라며 조심스럽게 말을 꺼냈다. 백제 같은 대국이 어째서 성곽, 궁궐, 무덤을 낡은 채 두냐는 이야기였다. 개로왕은 무릎을 탁 치고는 대대적인 공사를 벌이기 시작했다. 폼 나게 성곽, 궁궐 등을 짓느라 백제 재정은 바닥났고 백성들은 힘들어 죽을 지경이었다. 뜻대로 되자, 도림은 고구려로 도망쳐 장수왕에게 백제의 위태로운 상황을 보고했다. 장수왕은 즉각 백제 공격에 들어갔고, 결과는 당연히 고구려의 승리였다. 그렇게 고구려는 한강 유역을 백제로부터 빼앗았다. 아차산에 남아 있는 고구려 보루 유적, 충청북도에 있는 충주 고구려비 등이 고구려가 한강 이남까지 세력을 뻗쳤다는 증거이다.

장수왕은 중국과는 복잡한 정세를 이용해 유리한 상황을 이끌어 냈다. 중국은 북조와 남조로 나뉜 상황에서 북위가 5호 16국의 분열을 끝장내 가고 있었다. 장수왕은 사신들에게 많은 선물을 들려 보내 북위의 권위를 인정해주었다. 그런데 북위가 무너뜨리려는 나라, 북연이 있었다. 북연의 왕, 풍홍은 백성을 이끌고 고구려에 망명하는 길을 택한다. 두 나라 사이에 낀 난처한 상황에서, 장수왕은 정면 돌파를 택한다.

북연의 수도 화룡성은 북위군에 함락되기 일보 직전이었다. 그러나 고구려군은 화룡성으로 먼저 들어가 풍홍 일행을 고구려로 데려왔다. 북위 황제는 노발대발하며 풍홍을 보내줄 것을 요구했지만, 장수왕은 말을 듣지 않았다. 그렇다고 북위가 고구려를 칠 수는 없었다. 북위는 북중국을 빨리 안정시켜야 했고 남조의 송나라도 의식하고 있었다. 그런 상황에서 무모하게 고구려와 싸울 수는 없었던 것이다.

고구려는 남조의 송나라와도 조공 – 책봉 관계를 맺고 있었다. 풍홍은 장수왕에게 무시당하자 송나라로 넘어갈 계획을 세운다. 송군이 풍홍을 데리러 고구려로 오면서 또다시 미묘한 상황이 빚어졌다. 그 와중에 풍홍은 고구려군에 붙잡혀 죽고 만다. 이 싸움에서 송

광개토대왕릉비

광개토대왕릉비는 높이가 6.4미터나 되며, 네 면에 총 1,775자가 새겨져 있다. 비문은 세 부분으로 나뉜다. 첫 부분에는 고구려 건국 신화, 광개토대왕의 즉위와 업적을 적은 다음 비석을 세운 경위를 밝혀놓았다. 마지막 부분에는 왕릉을 지키는 330가구의 출신지 등 무덤 관리에 대한 내용이 적혀 있다.

비문의 핵심은 두 번째 부분에 있다. 광개토대왕의 정복 활동이 연대기로 기록되어 있는데, 그중 많은 부분이 백제와 관련되어 있다. 그런데 백제를 백잔(百殘)이라 낮춰 부르면서 백잔과 신라가 고구려에 조공을 바쳐왔다고 기록했다. 4세기에 백제는 고국원왕의 목숨을 앗아 갈 정도로 고구려에 위협적인 강국이었다. 이런 상황에서 고구려가 가졌던 강한 적대감이 '백잔'이라는 표현에 드러나 있다. 백제가 고구려에 조공했다는 부분은 고구려 입장에서 당시 상황을 서술한 것으로 보인다.

이처럼 광개토대왕릉비는 당시 고구려 사람들의 생각을 보여준다. 고려 시대에 김부식이 신라 위주로 쓴 『삼국사기』와 구별되는 지점이다. 그러나 안타깝게도 비문 중 150여 자가 훼손된 데다, 일본이 신묘년 기사를 임나일본부설의 근거로 삼는 바람에 뜨거운 논란에 휩싸였다. 최근 학계에서는 비문을 통해 당시 고구려 사람들이 국제 정세를 어떻게 인식했고, 실제 상황은 어떠했나에 주목하고 있다.

군이 고구려 장수를 죽이자, 장수왕은 사신을 보내 송나라에 항의했다. 풍홍이 오기를 기다리던 송나라는 뜻밖의 상황에 어쩌지 못했다. 북위와 맞서고 있던 송나라는 고구려까지 적으로 만들 수 없었던 것이다. 이처럼 장수왕은 여러 나라와의 관계를 슬기롭게 풀어가며 독자적인 세력권을 유지했다. 장수왕은 70년 넘게 왕위에 있다가 100살 가까이 되어 죽었다. 시호 그대로 장수한 왕이다. 아버지 광개토대왕이 다져놓은 기반 위에 안정적으로 영토를 넓히고, 유연한 외교 정책으로 전쟁을 피했기 때문일 것이다.

» 3 «

아깝게 사라진 선두 주자,
백제

백제는 삼국 중 가장 먼저 전성기를 맞았다. 371년, 백제 근초고왕
은 평양성을 공격해 고구려 고국원왕의 목숨을 끊어놓았다. 이렇듯
한반도의 최강자였기에, 백제가 해외로까지 세력을 뻗었다는 내용
이 한동안 중·고등학교 역사 교과서에 실리기도 했다. 백제의 전성
기인 4세기, 중국은 위·진·남북조 시대(220년~589년)의 혼란에서 빠
져나오지 못하고 있었다. 그 와중에 힘의 공백이 생겨 백제가 잠시
요서 지방에 세력을 뻗쳤을 가능성이 있다.

이 무렵 백제 왕이 왜 왕에게 칠지도를 보냈다. 이 칼은 이름에
딱 들어맞는 모습을 하고 있다. 왼쪽, 오른쪽에 세 개씩 뻗은 칼날에
가운데 칼날을 합치면 칼날이 총 일곱 개다. 훼손된 몇몇 글자 때문
에 이 칼에 새겨진 내용은 해석이 분분하다. 하지만 다음과 같은 부
분은 또렷하다. "쇠를 백 번 두드려 만들었다. (중략) 역사 이래 이런

무령왕릉 내부

칼은 없었다." 백제 사람들의 자부심이 한껏 드러난 대목이다.

　고구려 광개토대왕이 반격에 나서며 백제는 위기로 치달았다. 급기야 고구려 장수왕에게 수도 한성을 빼앗기고 개로왕이 참수당하는 수모를 겪었다. 그 뒤를 이은 문주왕은 피난민을 이끌고 남쪽으로 내려가 웅진(공주)을 수도로 정했다. 갑작스러운 이주는 혼란을 낳았고, 권력 다툼으로 정치는 내내 불안했다. 막강한 귀족이 보낸 자객에게 문주왕이 암살된 데 이어 삼근왕, 동성왕도 제명을 못 채우고 죽었다.

　이러한 혼란은 무령왕이 즉위하고 나서야 막을 내렸다. 무령왕은 그가 묻힌 벽돌무덤으로 유명해졌는데, 중요한 것은 무덤 양식이 아니다. 우리나라의 고대 무덤은 대부분 누가 묻혔는지 밝혀지지 않았고, 도굴된 무덤도 수두룩하다. 반면 무령왕릉은 왕과 왕비의 인적 사항이 기록된 지석 두 개가 발견된 데다, 도굴꾼의 손길을 용케 피해 4,600여 점의 유물을 쏟아냈다.

"영동대장군 백제 사마왕이 62세 되는 계묘년(523년) 5월 7일에 돌아가셨다." 무령왕 지석에 새겨진 내용의 일부다. 사망 연도, 당시 나이가 기록된 덕분에 무령왕이 동성왕의 아들이라는 『삼국사기』 기록이 잘못되었음이 밝혀졌다. 그렇다면 무령왕은 누구의 아들일까? 개로왕의 동생인 곤지의 아들로 보는 학자들이 많다. 하지만 무령왕은 개로왕의 아들이라 주장하며 정통성을 확보했다. 웅진 천도 후 가뜩이나 왕실이 빌빌대는 마당에, 정통성을 의심받는다면 큰일이었기 때문이다.

무령왕릉에서 출토된 받침 있는 은잔, 왕의 금제 관 꾸미개, 오수전(위쪽부터)

『일본서기』에 따르면 무령왕은 규슈의 작은 섬에서 태어났다. 무령왕을 임신한 어머니가 곤지와 함께 백제를 떠나 일본으로 가던 중 그 섬에서 출산했다고 한다. 재미있게도, 무령왕의 생전 이름 '사마'는 섬을 뜻하고 일본어로 섬은 '시마'다. 비록 일본 자료지만 이 기록은 무령왕의 출생과 관련해 어느 정도 역사적 진실을 담고 있을 것이다.

요컨대 무령왕은 왕위 계승이 보장된 사람이 아닌 데다 본국에

백제 금동대향로. 용 한 마리가 연꽃 봉오리를 물고 있는 모습이다. 충남 부여 능산리 절터에서 출토되었다.

서 태어나지도 못했다. 즉위했을 때 팔팔한 나이도 아니었다. 그러니 안이한 생각에 젖을 겨를이 조금도 없었을 것이다. 무령왕 때 백제는 다시 강국으로 발돋움해 고구려를 여러 번 격퇴했다. 그렇게 기반을 다져 놓았기에, 무령왕의 아들 성왕이 도약을 꿈꿀 수 있었던 것이다.

성왕은 사비성(부여)으로 수도를 옮긴 후, 한강 유역을 되찾기 위해 신라와 손잡았다. 두 나라의 협공은 성공했지만, 신라 진흥왕의 배신으로 백제는 한강 유역을 또 빼앗겼다. 성왕은 반격에 나섰지만, 554년 관산성(옥천) 전투에서 포로로 잡혀 죽임을 당했다. 신라군은 베어버린 성왕의 머리를 관청 건물 계단 밑에 묻고, 남은 몸통만 백제로 돌려보냈다. 죽기 전 성왕도, 그의 주검을 받은 백제 사람들도 피눈물을 흘렸을 것이다.

그 후 성왕의 아들 위덕왕이 부왕의 명복을 빌고자 절을 지었다. 부여 능산리 고분군 근처, 이 절이 있던 자리에서 백제 금동대향로가 발견되었다. 이 향로는 위덕왕이 부왕을 잃은 아픔을 딛고 왕실의 권위를 높이는 과정에서 만들어진, 백제 금속 공예의 최고 걸작이다.

백제 멸망과 관련해서는 의자왕과 3천 궁녀 이야기가 유명하다.

궁녀들이 꽃처럼 떨어졌다 해서 낙화암이라 이름 붙인 바위까지 있다. 그러나 이 이야기는 지나치게 부풀려졌다. 옛날에 3천은 그저 많은 수를 강조하는 표현이었다. 의자왕이 술과 여자를 좋아하기는 했지만, 나라를 말아먹을 정도는 아니었을 것이다. 말년에 망국의 왕이 되었지만, 그 이전까지 의자왕은 인품도, 리더십도 괜찮은 사람이었다. 그는 공자의 제자 중 효를 실천한 증자와 같다 하여 '해동증자'라는 칭송을 받았다. 신라의 여러 성을 빼앗을 정도로 당차게 백제를 이끌기도 했다. 신라가 혼자 어쩌지 못해 당나라와 손잡고 공격할 만큼, 당시 백제의 군사력은 단단했다.

나·당 연합군의 공격에 백제는 멸망하고 말았다. 하지만 얼마 후 복신, 도침 등이 백제 부흥 운동을 일으킬 만큼 백제의 군사력은 쉽게 무너지지 않았다. 의자왕 말년에도 백제 상황이 썩 나쁘지만은 않았던 것이다.

무령왕릉에 나타나 있듯이 백제는 중국과 친했다. 그러나 이유는 밝혀지지 않았지만 백제는 멸망 5년 전에 당나라와의 외교를 끊었다. 신라가 당나라와 백제를 떼어놓았을 것이다. 당나라까지 개입한 삼국 통일 전쟁의 와중에 백제는 결국 사라졌다. 하지만 백제의 활발한 국제 교류, 그 속에 이룬 수준 높은 문화는 영원히 기억될 것이다.

백제 문화의 국제성을 보여주는 무령왕릉

백제는 동아시아는 물론 동남아시아, 인도와도 활발히 교류해 수준 높은 문화를 이루었다. 무령왕릉은 진묘수라는 돌짐승이 지키고 있었고, 무덤을 만들기 위해 땅의 신에게 땅을 구입한다는 내용을 적어놓은 매지권, 중국 화폐인 오수전 꾸러미가 출토되었다. 이는 중국 문화의 영향이다. 무령왕 부부의 목관을 일본산 금송으로 만든 것을 통해 일본과의 관계도 가까웠음을 알 수 있다. 무령왕릉에서 출토된 유리구슬에 색을 입힌 재료는 태국산 납이다. 왕비의 관(冠)을 장식한 꽃무늬는 인도 산치탑 난간 무늬와 비슷하다. 물론 백제 공인들의 뛰어난 솜씨를 보여주는 유물도 많다. 용과 봉황을 고리에 장식해 왕의 권위를 상징하는 칼이 대표적이다.

백제는 특히 중국 남조의 양나라와 상당히 친밀했다. 그 영향으로 무령왕릉이 벽돌무덤 형태를 띠게 된 것이다. 돌, 나무, 흙을 이용한 우리나라 고유 무덤과 달리, 무령왕릉은 30가지가 넘는 벽돌 수천 장으로 이루어진 터널 모양을 하고 있다. 이와 같은 벽돌 모양은 양나라 것과 아주 비슷하다. 백제에도 벽돌 만드는 최고 기술자인 '와박사'가 있었지만, 아마 양나라 기술자들이 와서 무덤 축조를 도와주었을 것이다.

» 4 «

통합되지 않은 여러 나라, 가야

흔히 삼국 시대라 말하지만, 그 시대에는 엄연히 가야가 함께 있었다. 후기 가야의 중심국 대가야가 신라에 흡수된 때가 562년이다. 기원 전후 삼국과 가야가 건국되어 약 600년 동안이나 앞서거니 뒤서거니 발전했던 것이다. 그러나 가야는 사료가 적은 데다 일본이 역사를 심하게 왜곡해 연구에 어려움이 많았다. 다행히 고분 발굴이 활발히 이루어지면서 가야사의 면면이 새록새록 밝혀지고 있다. 가야의 역사는 어떻게 펼쳐졌을까?

"거북아, 거북아, 머리를 내놓아라. 안 그러면 구워 먹으리." 이 노래는 유명한 「구지가」다. 『삼국유사』 '가락국기'에 따르면, 사람들이 이 노래를 부르며 발을 구르니 하늘에서 황금 알 여섯 개가 내려왔다. 여섯 알에서 나온 아이들이 각각 왕이 되었는데, 그중 처음 나타난 왕이 금관가야를 세운 수로왕이다.

수로(首露)는 머리가 나타난다는 뜻이라 「구지가」와 연결되어 자 못 흥미롭다. 거북이를 협박한다는 발상이 재미있는데, 이처럼 고대에는 동물을 위협하면서 주술을 행하곤 했다. 부여와 고구려에서는 산신에게 빌 때면 사슴을 나무에 거꾸로 매달고 창으로 찌르며 주술을 외웠다. 백제에서는 천신에게 빌기 위해 매를 잡아 가두고 물한 모금 안 주면서 주술의 노래를 불렀다. 신과 인간을 이어주는 동물을 위협하면 신이 소원을 들어준다고 믿었기 때문이다.

왕이 알에서 태어나는 이야기는 고구려를 세운 주몽, 신라를 세운 박혁거세 이야기와 비슷하다. 이러한 건국 신화는 왕이 외부에서 이주해 온 세력임을 말해준다. 토착민들이 복종하게끔, 신비한 탄생 이야기로 왕의 신성성을 부각한 것이다.

그런데 수로왕의 건국 신화에는 알이 여섯 개나 된다. 이 때문에 6가야가 한동안 교과서에 실렸지만, 가야 지역에는 그보다 많은 나라가 있었다. 대가야의 가실왕은 가야금을 만들고, "여러 나라의 사투리가 저마다 다르니 음악이 어찌 한결같을 수 있겠는가"라며 우륵에게 12곡을 만들게 했다. 이를 통해 가야 지역에 나라가 여럿 있었음을 알 수 있다.

가야의 여러 나라는 어떤 식으로 연결되어 있었을까? 최근 학계는 가야를 연맹체로 보던 시각을 비판하고 있다. 가야 여러 나라의 관계는 고구려·백제·신라가 중앙 집권 국가를 이루기 전에 거쳤던 연맹체와는 달랐을 것이다. 가야는 통합되지 않은 채 여러 지역의 다양성을 품고 발전해갔다.

『삼국유사』에 나오는 금관가야, 대가
야, 아라가야 같은 이름은 신라 말 이후
에 붙여진 것이다. 궁예가 후고구려를, 견
훤이 후백제를 세운 신라 말, 반란이 빗
발치듯 일어났다. 이때 옛 가야 땅의 호
족들이 자기 지역을 '~~가야'라 부르면
서 오늘날 전해지는 이름들이 생겨났을
것이다.

당당한 가야 무사의 모습이 표현된 기마
인물형 토기

변한 시절부터 가야 지역에서는 철이
많이 생산되었다. 덩이쇠를 만들어 수출
하고 화폐로도 사용했다. 철은 농기구와 무기의 재료로서 아주 귀
한 자원이었다. 영토 싸움이 치열해지면서 철의 중요성은 더욱더
커졌다. 철을 잔뜩 가진 가야의 존재감도 클 수밖에 없었다.

전기 가야의 중심국은 금관가야(오늘날 김해)였다. 지금은 김해평
야가 펼쳐져 있지만 당시에는 이 지역으로 바닷물이 넘나들어 '고
김해만(古金海灣)'이 발달했다. 게다가 낙동강을 끼고 있어 국내 교통
도 편리했다. 덕분에 금관가야는 바다를 통해 왜(일본), 중국 군현과
교역하고, 낙동강을 통해 내륙과 교역하며 빠르게 성장했다.

금관가야의 국력은 김해 대성동 고분군(3~5세기 축조) 출토 유물로
여실히 입증되었다. 이 유물 중에 작은 쇳조각을 이어 만든 비늘 갑
옷이 있다. 이런 갑옷은 고구려 고분 벽화에도 등장하는데, 기동성
이 뛰어나서 말을 타고 싸울 때 제격이다. 반면에 당시 일본 갑옷은

널찍한 철판을 가죽 끈으로 엮은 판갑옷이 대부분이었다. 이처럼 일본을 능가하는 가야의 갑옷 제작 기술은 임나일본부설이 허구임을 밝혀주었다.

임나일본부설은 일본이 가야에 임나일본부라는 통치 기구를 두어 백제와 신라까지 지배했다는 주장이다. 터무니없다는 것이 밝혀진 지 오래라, 2010년 한일역사공동연구위원회는 임나일본부라는 용어 자체를 폐기했다. 참고로, 임나일본부라는 말은 『일본서기』에만 나오는 반면, '임나'는 흔치는 않지만 우리 기록에도 보인다. 임나는 가야를 가리키는 여러 말 중 하나인데 그 의미는 정확히 밝혀지지 않았다.

가야와 왜는 어떤 관계였을까? 가야는 일본 열도에서 가장 가까운 지역인 데다 철이 풍부해서 일찍부터 왜와 교류했다. 왜는 6세기까지 철을 생산하지 못했는데, 4세기 금관가야에서 만든 덩이쇠가 일본 열도에서 많이 발견되었다. 스에키라는 단단한 일본 토기도 금관가야의 토기 제작 기술이 전해진 결과 생겨났다. 이처럼 가야는 철기·토기 만드는 기술 등 앞선 문화를 왜에 전해주었다.

대성동 고분군에 묻힌 유물 중에는 일본산도 많다. 바람개비 모양 청동기가 붙은 방패, 원통 모양 청동기 등으로, 일본 열도에서는 유력한 수장의 무덤에 부장된 유물이다. 그토록 예사롭지 않은 물건이 어쩌다 가야 무덤에까지 들어갔을까? 이는 금관가야와 왜의 밀접한 교섭을 보여준다. 왜의 지배 세력이 철을 구하기 위해 특별히 보낸 선물일 가능성이 있다.

5세기 초, 금관가야는 큰 위기를 겪었다. 광개토대왕릉비문에 따르면 399년 왜인(倭人)이 쳐들어오자 신라 내물왕은 다급히 고구려에 도움을 청했다. 이에 고구려 광개토대왕은 400년, 보병과 기병 5만을 보내 신라를 구해주었다. 이때 고구려군은 퇴각하는 왜적을 쫓아 임나가라의 종발성까지 쳐들어갔다. 임나가라는 금관가야가 있던 김해 지역으로 추정된다. 왜적이 그리로 도망쳤음은 신라를 공격한 것이 금관가야와 왜의 공동 작전이었음을 말해준다. 아마 금관가야는 고구려·신라의 세력 확장에 맞서기 위해 왜와 손잡았을 것이다. 어찌 됐든 이때 고구려군에 격퇴되는 바람에 가야의 해안 지역이 무참히 짓밟혔고, 금관가야의 기세도 크게 꺾였다.

이후 가야의 중심 세력은 고령의 대가야로 이동했다. 대가야의 위세는 고령 지산동 고분군에 남아 있다. 이곳에는 크고 작은 무덤 수백 기가 자리하고 있다. 그중 44호분은 지름이 25미터가 넘는, 아주 큰 무덤이다. 무덤의 주인공을 따라 순장된 사람도 많았다. 대가야 왕의 권력이 그만큼 컸던 것이다.

대가야는 바다로 나가는 데 꼭 필요한 섬진강 유역을 두고 백제와 싸웠다. 그러나 신라가 빠르게 남쪽으로 세력을 확장하자, 백제와 손잡을 수밖에 없었다. 백제와 신라가 연합해 고구려로부터 한강 유역을 빼앗을 때, 가야의 여러 나라도 백제를 따라 참전했다. 관산성 전투에서도 백제 편이 되어 싸웠지만, 백제-가야 연합군이 몰살되면서 가야는 회복 불가능한 타격을 입고 말았다. 결국 562년, 신라군의 공격에 대가야가 무너졌다. 금관가야, 대가야 못지않게 큰

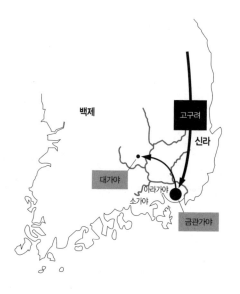

백제

고구려

신라

대가야

아라가야
소가야

금관가야

가야의 중심 세력 변화

나라였던 아라가야(경남 합천)도 이즈음 멸망했다.

우륵은 대가야가 멸망하기 전에 신라로 넘어가 항복했다. 충주 탄금대가 바로 우륵이 진흥왕에게 가야금 연주를 들려주었던 곳이다. 신라 명장 김유신도 가야 출신이다. 김유신이 오늘날의 축구와 비슷한 축국을 하다가 김춘추의 옷고름을 일부러 떨어뜨려 여동생과 결혼시켰다는 이야기가 유명하다. 신라 본토박이가 아니라 받던 차별을 그렇게라도 극복하려 했을 것이다. 가야는 멸망했어도, 가야 사람들은 그렇게 신라 사람이 되어 살아갔다.

다이내믹했으나, 신비에 싸인 고대 한일 교류

일본 학계에서는 한반도계 이주민을 '바다를 건너온 사람'이라는 뜻으로 '도래인(渡來人)'이라고 부른다. 청동기 시대에 한반도 남부에서 건너간 사람들은 주로 규슈 북부에 정착했다. 삼국 시대에 건너간 사람들은 오사카, 나라, 교토 일대, 그리고 이 지역에 가까운 긴키(近畿) 지역에 많이 살았다. 475년 백제 한성 함락, 663년 백강 전투 패배 등 한반도의 위태로운 정세를 피하기 위해, 또는 앞선 문화를 받아들이려는 일본 지배층의 요청에 따라 건너간 사람들이 대부분이었다. 이들과 관련된 수많은 지명, 유물, 유적 등이 일본 열도 곳곳에서 발견되었다. 이들은 일본 왕실의 혈통에도 섞여 들어갔고, 일본의 유력한 지배 집단이 되기도 했다.

이런 교류는 당연히 양방향으로 이루어진다. 한반도계 이주민이 끼친 영향에 훨씬 못 미치기는 하지만, 왜인들도 한반도 곳곳에서 활동했다. 신라에 쳐들어가기도 하고, 백제의 용병이 되어 고구려군과 싸우기도 하고, 상인이나 선원으로서 바닷길로 한반도와 일본을 오가기도 했다. 물론 죽어서 한반도에 묻힌 왜인들도 있었다. 이와 관련해 흥미로운 유적이 있다. 바로 영산강 유역에서 15기 정도 발견된 전방후원형 고분이다. 앞부분은 네모나고 뒷부분은 둥근 모습으로, 일본에서 3세기 중반 무렵부터 6세기 말까지 조성된 무덤과 비슷하다. 이런 무덤이 어째서 한반도 서남부에 있을까? 이처럼 고대 한일 교류와 관련해서는 아직 신비에 싸인 연구 과제들이 많다.

» 5 «

왜 신라에만 여왕이 있었을까?

우리 역사를 통틀어 여왕은 세 명 있었는데 모두 신라 사람이었다. 그 세 명은 제27대 선덕여왕, 제28대 진덕여왕, 제51대 진성여왕이다. 왜 신라에서만 여왕이 즉위할 수 있었을까?

『삼국유사』에 따르면 선덕여왕은 왕위에 오를 만한 '성골 신분의 남성이 없었기 때문'에 왕위에 오를 수 있었다. 성골은 '골(骨)'과 '두품(頭品)'으로 이루어진 신라의 골품제에서 가장 높은 신분이었다. 성골과 진골 그리고 6두품부터 1두품까지, 총 8등급으로 이루어진 골품제에 따라 관등과 관직이 결정되었다. 왕족이었던 성골과 진골은 높은 관직을 독차지하면서 특권을 누렸는데, 두 신분은 원래부터 따로 존재하지는 않았다.

제24대 진흥왕의 맏아들 동륜은 태자에 책봉되었으나 왕이 되지 못하고 사망했다. 동륜의 아우 사륜이 그 자리를 차지하고 제25

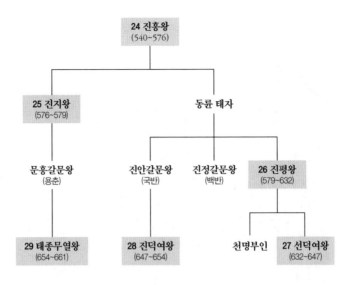

신라 진흥왕~태종무열왕 계보

대 진지왕이 되었는데 4년 만에 왕위에서 쫓겨났다. 그의 뒤를 이어 동륜의 아들 백정이 제26대 진평왕에 올랐다. 왕위를 차지한 동륜의 가계가 나머지 왕족보다 신성하다고 표방하면서 진골과 구분되는 성골이 생겨났다. 이에 따라 훗날 왕이 되는 진지왕의 아들인 용춘의 아들 김춘추는 '진골'로 구분되었다. 진평왕의 딸 덕만공주는 632년에 왕위에 오르는데 그가 바로 선덕여왕이다. 이때 그의 나이는 50살이 넘었다.

선덕여왕이 왕이 되는 데에는 여러 주변 환경도 작용했다. 일본에서는 이 시기에 첫 여성 천황 스이코(推古)가 등장했다. 사신을 파견하는 등 일본과의 잦은 교류 속에 신라는 일본에 여왕이 있다는

경주 분황사 모전 석탑. 선덕여왕 때 분황사를 지으며 세운 것으로 추측된다.

사실을 접했을 것이다. 특히 신라에서는 고구려, 백제보다 여성의 지위가 높았다. 여성도 실명을 사용했으며 수출 상품에 여성의 이름을 새겼다. 여성의 시주로 여러 석탑을 지을 만큼 여성의 재력도 굉장했다. 선덕여왕이 창건한 분황사 석탑에는 향기를 뜻하는 '분(芬)'에 황제를 뜻하는 '황(皇)'이 쓰였는데 이는 여왕을 의미한다. 분황사 석탑의 돌사리함에서는 실패, 바늘통, 소형 칼, 손가위, 금바늘, 은바늘 등이 나왔는데 이는 바느질 도구로 역시 여왕이 있었음을 의미한다.

그러나 여왕에 대한 부정적인 인식도 있었다. 고구려와 백제의 공격에 시달리던 신라가 당나라에 군사 지원을 요청하자 당 태종은 이렇게 말했다. "너희 나라는 여성을 임금으로 삼고 있어 이웃나라의 업신여김을 받는다. 당나라 왕족 중의 한 명을 보내 너희의 왕으로 삼는 것이 어떤가?" 선덕여왕 16년인 647년에는 귀족의 최고위직 상대등이었던 비담이 '여왕은 나라를 잘 다스릴 수 없다'며 염종 등과 함께 반란을 일으켰다. 비담의 난은 진압되고 선덕여왕의 사촌인 진덕여왕이 왕위에 올랐지만 정치는 김춘추와 김유신 세력이 주도했다. 태종무열왕 이후 전제 왕권이 강화되며 정치적 상황이나 아들을 낳지 못한다는 등의 이유로 왕비가 폐출되는 일이 늘어났다. 이는 진덕여왕 때까지는 거의 없었던 일로 여성에 대한 인식과 관련된 사회적 변화가 일어나고 있었음을 보여준다.

선덕여왕과 진덕여왕이 등장하고 250년 정도 후에 신라의 마지막 여왕인 제51대 진성여왕이 즉위한다. 진성여왕의 즉위에도 앞서 두 여왕의 사례처럼 폐쇄적인 가계 개념이 작용했다. 아들이 없던 제47대 헌안왕은 사위인 제48대 경문왕에게 왕위를 물려주었다. 경문왕의 두 아들은 차례로 제49대 헌강왕, 제50대 정강왕에 올랐다. 정강왕은 '선덕여왕과 진덕여왕의 옛 일을 본받아 진성여왕을 왕위에 세우는 것이 좋을 것'이라고 유언했다. 이러한 유언에 따라 정강왕의 여동생 진성여왕이 왕위에 올랐다.

이처럼 신라에서 여성이 왕이 될 수 있었던 데에는 자기 직계에서 왕위 계승자를 구하려는 목적과 여러 주변 환경이 작용했다. 하지만 고려 시대에 김부식은 『삼국사기』에서 선덕여왕의 즉위가 '난세에나 있을 법한 일'로 '나라가 망하지 않은 것은 정말 요행이다'라고 비난했다. 그는 진성여왕에 대해서도 사적인 감정에 빠져 정치를 그르치는 무능한 왕이라고 묘사했다. 여왕에 대한 부정적 인식은 여성의 정치 참여를 차단하는 명분이자 여성에게는 스스로를 정치적 관심에서 격리시키는 동인으로 작용했다.

» 6 «

백제·고구려의 멸망과 나당 전쟁

고구려는 만주 벌판에서 씩씩한 기상을 드날렸고, 백제도 신라를 위협할 만큼 국력이 막강했다. 쉽사리 무너질 것 같지 않던 두 나라는 어떻게 멸망했을까? 그 배경에는 중국의 정세가 깊이 얽혀 있다.

위·진·남북조 시대를 끝내고 다시 중국을 통일한 수나라는 하루빨리 왕조의 정통성을 확립하고 동아시아의 국제 질서를 주도해 나가려 했다. 그러려면 고구려를 무릎 꿇려야 했다. 이러한 낌새를 알아챈 고구려가 먼저 칼을 빼들었다. 598년 고구려 영양왕이 말갈과 함께 요서를 공격한 것이다. 수나라는 이를 격퇴하고 고구려를 공격했으나 홍수, 전염병 등으로 피해만 입고 돌아갔다. 수 문제의 뒤를 이어 즉위한 양제는 고구려에 대한 집착이 대단했다. 수 양제는 612년 살수에서 을지문덕에게 크게 패하고도 613년, 614년에 연거푸 전쟁을 일으켰다. 이렇듯 무리한 전쟁과 대운하 건설에 반발하여 수나라 곳곳에서 반란이 일어났다. 급기야 수 양제가 618년 살해되면서 수나라는 멸망하고 말았다.

그 뒤를 이은 당나라는 중국을 다시 통일하고 동돌궐, 토욕혼 등 주변 국가들을 차례로 복속시켰다. 다음 타깃은 고구려였는데, 당시 고구려는 왕권이 매우 약해진 상태에서 귀족들이 정치를 쥐락펴락하고 있었다. 이들은 웬만하면 당나라 비위를 맞춰주어 자신들의 권력을 유지하려 했다. 하지만 642년 연개소문이 정변을 일으키면서 당나라와 타협할 여지는 사라져버렸다. 연개소문이 영류왕을 비롯해 당나라에 온건한 태도를 보인 귀족들을 제거하고 대당 강경책을 내세운 것이다.

이 무렵 한반도의 정국은 요동치기 시작했다. 연개소문이 정변을 일으킨 그해에 백제 의자왕은 대야성과 신라 서쪽 변경의 40여 성을 함락시켰다. 이후 백제는 고구려와 연합해 신라의 당항성을 공격했다. 대야성 전투에서 딸과 사위를 한꺼번에 잃은 김춘추는 울분과 함께 신라를 구해야 한다는 사명감에 불탔다. 그는 먼저 고구려로 가서 도움을 청했지만, 연개소문은 김춘추에게 한강 유역부터 돌려달라고 요구했다. 김춘추가 "신하의 몸이라 영토와 같은 중대한 문제를 결정할 수 없다"고 답하자 연개소문은 그를 감옥에 가두었다. 용케도 고구려에서 탈출한 김춘추는 당나라로 가서 도움을 청했다.

당나라는 644년 고구려에 사신을 보내 신라 침략을 멈추지 않으면 고구려를 침공하겠다고 경고했다. 고구려가 말을 듣지 않자 당

부여 정림사지 오층 석탑. 당나라 장수 소정방이 백제 정벌을 기념해 새긴 글이 남아 있다.

나라의 공격이 시작됐다. 당 태종이 직접 군대를 이끌고 요동성, 백암성 등을 격파하기도 했지만, 안시성을 둘러싼 치열한 공방전 끝에 당군은 처참히 패배했다. 그러고도 당나라는 계속 공격해 고구려의 진을 빼려 했지만, 당 태종의 죽음으로 고구려 원정은 중단되었다.

그 후 당 고종은 신라와 연합하여 백제를 공격한 다음 평양을 치기로 했다. 660년 소정방이 이끄는 당군과 김유신의 신라군이 백제를 멸망시켰다. 뒤이어 당나라는 평양성을 공격했지만 연개소문의 지휘 아래 고구려군은 이들을 거뜬히 물리쳤다. 이때부터 연개소문이 죽기 전까지 당과 고구려의 전투는 소강상태였다. 그러나 든든한 버팀목, 연개소문이 죽으면서 고구려는 위기로 치달았다. 연개소문은 세 아들에게 형제간의 화목을 당부했지만 그 유언은 지켜지지 않았다. 연개소문의 큰아들 연남생은 당나라로 망명했고, 연개소문의 동생 연정토는 신라로 투항했다. 나당 연합군은 평양성을 포위했고 668년 보장왕이 항복하면서 고구려는 멸망하고 말았다.

신라와 당나라의 동맹은 점점 삐걱댔다. 당나라는 약속했던 백제 옛 땅을 신라에 넘겨주지 않고 그 지역에 웅진도독부 등 5도독부를 설치했다. 백제 부흥 운동을 진압하고 나서는 백제 유민들을 달래기 위해 의자왕의 아들 부여융을 웅진도독에 임명했다. 그러고는 665년 신라 문무왕과 부여융을 취리산에서 만나게 해서 두 나라의 경계를 확정하고 침공하지 않겠다는 맹약을 맺게 했다. 당나라가 웅진도독을 통해 백제의 옛 땅을 다스리며, 신라도 언제든 백제 꼴이 될 수 있다는 엄포였다. 당나라는 고구려 원정을 준비하면서 원하는 인물을 장군으로 임명해 신라에 통보하고 직접 신라군을 징발하여 당군에 집어넣기도 했다.

전쟁에 참여하고도 백제 영토를 차지하지 못했고 오히려 백제와 동등한 취급을 받은 신라는 당나라를 선제공격했다. 마침 이 무렵 당나라의 서쪽에서 세력을 확장한 토번이 실크로드 지역을 공격하고 있었다. 이 기회를 틈타 신라는 고구려 부흥 운동을 지원하는 한편 백제 공격에 나섰다. 671년 신라는 사비에 소부리주를 설치함으로써 실질적인 백제 통합을 이루었다.

당나라는 고구려 부흥 운동을 진압하고 674년부터 신라와의 본격적인 전쟁에 돌입했다. 유인궤를 계림도 대총관으로 삼은 대규모의 원정군이 파견되었다. 당군은 칠중성에서 승리했으나 매초성과 기벌포에서 패배하여 돌아갔다. 그 후 당나라는 평양성에 있던 안동도호부를 압록강 너머 요동성으로, 공주에 있던 웅진도독부를 건안성으로 옮기며 한반도로부터 완전히 철수했다.

고대 동아시아 최초의 국제전, 백강 전투

백제 태자 부여융은 나당 점령군에 협조하며 웅진도독 자리에 앉았다. 그와 상반된 태도를 보인 왕자가 부여풍이다. 부여풍은 복신, 도침 등 장군들과 함께 백제 부흥 운동을 이끌었다. 그의 요청에 따라 왜는 2만 7천 명의 지원군을 한반도로 보냈다. 백제의 요청이 있기도 했지만 왜는 당나라가 한반도를 집어삼키고 나면 바다 건너까지 쳐들어올 거라는 위기감에 참전할 수밖에 없었다. 이에 맞서 당나라도 추가 병력 7천 명과 전함 170척을 보냈다. 이렇게 해서 백제·왜 연합군과 나당 연합군의 한판 대결이 벌어졌다.

때는 663년 8월, 장소는 백제 부흥 운동의 중심지 주류성으로 가는 길목에 위치한 백강(백촌강)이었다. 이곳은 금강 하구로 추정된다. 백강 전투는 백제 부흥 운동의 연장선이었지만 신라, 당나라, 왜가 참전한 국제전이었다. 고구려도 당나라의 공격에 시달리느라 군사를 보내지는 못했지만 외교전으로 백제·왜 편에 힘을 보탰다. 이 전투는 고대 동아시아 역사상 최초로 벌어진 국제전이자, 중국과 일본의 흔치 않은 충돌이 일어났다는 점에서 주목받고 있다.

네 번에 걸친 공방전 끝에 백제·왜 연합군은 패배하고 말았다. 이어 주류성까지 함락되면서 백제 부흥 운동은 완전히 막을 내렸다. 이후 많은 백제 유민이 왜로 건너갔고, 왜는 나당 연합군의 침공에 맞서 군사 방어를 강화하는 한편 율령 체제를 갖춰 천황 중심의 고대 국가로 나아갔다.

» 7 «

남쪽의 신라와 공존한 해동성국 발해

고구려 멸망 후, 많은 고구려 유민이 당나라 여기저기로 끌려갔다. 발해를 세운 대조영도 요서 지역의 영주(오늘날 중국 랴오닝성 차오양)에 서 모진 세월을 견뎌냈다. 영주에는 거란족도 살고 있었는데, 696년 거란 추장 이진충이 당나라에 맞서 들고일어났다. 이때 대조영과 그 의 아버지 걸걸중상, 말갈 추장 걸사비우도 고구려 유민과 말갈족을 이끌고 참전했다. 이진충의 난이 진압되고 나서도 대조영의 무리는 요동 지역에서 항쟁을 이어갔다.

당나라는 거란 출신 이해고를 선봉장으로 삼아 토벌에 나섰다. 이에 맞서 싸우다가 걸사비우가 죽고, 그 무렵 걸걸중상도 세상을 뜨면서 대조영이 고구려 유민과 말갈족을 진두지휘하게 되었다. 대 조영은 추격해 온 이해고 군대를 천문령에서 격파했다. 그러고는 당 나라 군대의 공격을 피해 계속 동쪽으로 나아갔다. 698년, 동모산(중국 지린성 둔화시 성산자산)에 이르러 마침내 나라를 세웠다. 오녀산 위에 성을 쌓은 주몽처럼 대조영은 동모산 위에 성을 쌓았다. 이렇게 해서 고구려를 계승한 나라가 세워졌다. 고구려가 무너진 지 30년 만이었다.

대조영이 나라를 세울 당시 국호는 '진국'이다. 713년 당나라가 대조영을 발해군왕에 책봉하고 나서 점차 발해라는 국호가 쓰였다. 8세기 일본의 목간에는 '발해'라는 글자가 보이는 것도 있고, 발해를 '고려'라 부른 것도 있다. 발해가 나라 이름을 고려라고 칭하기도 했다. 여기서 고려는 곧 고구려로, 발해가 고구려 계승 국가임을 의미한다.

대조영은 맏아들 대무예에게 왕위를 물려주었다. 그가 발해의 2대 왕인 무왕이다. 시호에서 알 수 있듯이 무왕은 무력으로 영토를 넓혀나갔다. 그는 우선 여러 부락으로 나뉘어 있던 말갈족을 정복해 나갔다. 이때 가장 북쪽에 있던 말갈족이 흑수말갈이었다. 흑수말갈에서 흑수는 흑룡강(러시아의 아무르강)을 가리킨다. 다른 말갈족이 정복되자 위협을 느낀 흑수말갈은 당나라와 손잡고 발해를 견제했다. 무왕은 발끈해서 흑수말갈을 치려고 했는데, 동생 대문예가 반대하고 나섰다. 흑수말갈과의 전쟁에 당나라가 끼어들면 발해도 고구려처럼 망할 수 있다는 우려에서였다. 대문예는 전쟁에 계속 반대하다가 당나라로 망명해버렸다.

이 때문에 당나라와의 관계가 껄끄럽던 732년, 무왕은 장문휴에게 당나라 공격을 명한다. 장문휴의 지휘 아래 발해의 수군은 바다

너머 산둥반도에 있던 등주를 공격했다. 당나라는 대문예를 선봉에 세워 발해 정벌에 나섰지만 결국 실패했다. 이 전쟁으로 동아시아에서 발해의 입지가 강화되었다. 그러나 등주 공격은 성공했다 해도, 동아시아의 최강국 당나라에 계속 맞설 수는 없었다. 무왕은 말년에 당나라와 다시 국교를 텄다.

잠깐 뒷이야기를 하자면, 무왕은 동생 대문예가 망명하자마자 당나라에 사신을 보내 "왕명을 거역한 자이니 죽여주십시오" 하고 청했다. 그러나 당나라 현종은 발해와의 관계에 대문예를 어떻게 써먹을까 궁리하며, 무왕의 요구를 들어주지 않았다. 등주 공격 후에도 동생에 대한 무왕의 분노는 식을 줄 몰랐다. 그는 당나라로 자객을 보내 대문예를 죽이려 했지만 이 시도는 실패했다. 죽이고 싶을 만큼 심했던 형제간 불화가 국제적으로 소문난 셈이다.

다음 왕은 문왕이다. 시호에 붙은 문(文) 자를 통해 문왕과 무왕의 업적이 대조적임을 알 수 있다. 문왕은 당나라의 문물제도를 받아들여 체제를 정비했다. 그리고 당나라와 좋은 관계를 유지해 당나라로부터 발해국왕으로 승격된 책봉을 받았다. 당나라는 대조영의 무리가 도망쳐 나라를 세운 것이 못마땅했지만, 이때 비로소 발해를 독립국으로 인정한 것이다.

문왕이 정비한 3성 6부는 정당성·선조성·중대성과 충부·인부·의부·지부·예부·신부로 이루어졌다. 선조성이라는 부서와 중대성의 조고사인(詔誥舍人)이라는 관직에서 조(詔)는 황제의 명령을 뜻한다. 이처럼 발해는 당나라에 조공하면서도 국내에서는 왕을 황제라 불렀다. 이러한 이중 체제는 고려도 마찬가지였다. 황제 국가로서 발해의 위상은 여러 자료에서 확인되었다. 문왕은 둘째 딸 정혜공주와 넷째 딸 정효공주를 먼저 하늘나라로 떠나보내는 슬픔을 겪었다. 두 공주의 무덤에서 발견된 묘지명, 유물 등을 통해 문왕이 대흥, 보력이라는 연호를 사용했고, '황상'이라 불렸다는 사실이 밝혀졌다.

문왕이 죽고 나서 발해는 20여 년간 정치적 혼란을 겪었다. 그러다가 818년, 10대 왕인 선왕이 즉위하면서 안정을 되찾았다. 이때부터 발해는 한동안 전성기를 누려 '동쪽의 융성한 나라'라는 뜻의 해동성국이라 불렸다. 그러나 10세기 초부터 거란족의 세력이 커지면서 발해는 위기에 처했다. 결국 926년 거란의 공격에 발해는 멸망하고 말았다.

발해는 남쪽의 신라와 함께 200년 넘게 남북국의 형세를 이루었다. 멸망하고 나서는 발해 유민 다수가 고려로 망명해 들어갔다. 그러나 발해 역사는 오랫동안 주목받지 못했다. 삼국을 통일한 신라가 고려, 조선으로 이어졌다는 인식 아래 대부분의 역사책에서 발해 서술을 빼놓았기 때문이다. 한편 중국, 러시아는 저마다 발해사를 말갈족의 역사라며 자국 내 소수 민족의 역사 중 일부로 간주한다. 발해의 영토가 북한 지역 대부분은 물론 중국의 만주, 러시아의 연해주까지 이르렀기 때문이다.

발해는 엄연히 고구려를 계승한 나라였다. 발해 무왕은 일본에 보낸 국서에서 "고구려 땅을 회복하고 부여의 풍속을 간직하고 있다"며 고구려 계승 의식을 드러냈다. 또 발해 지배층 중 왕족인 대씨

고구려(왼쪽)와 발해의 연꽃무늬 수막새(기왓등의 끝에 드림새를 붙여 만든 기와)

다음으로 많은 성씨는 고구려 계통의 고씨였다. 고구려 지배층 무덤 양식을 따른 정혜공주의 무덤, 북옥저에서 생겨나 고구려를 거쳐 발해로 전해진 온돌(쪽구들), 비슷한 듯 조금 다른 고구려와 발해의 연꽃무늬 수막새, 고구려 조우관을 연상시키는 금제 관장식 등도 고구려를 계승하고 있음을 보여준다.

우리 역사의 중요한 무대였던 만주, 간도, 연해주

발해 사람들은 문수보살을 지혜의 부처, 평화의 부처로 숭배했다. 발해 멸망 후 여진족 사이에서도 문수 신앙이 퍼져 문수라는 이름을 붙이곤 했다. 학자들은 청나라 초기에 생겨난 '만주'라는 이름을 문수와 같은 말로 보기도 한다. 만주는 청나라 홍타이지 때부터 여진족을 대체한 종족의 이름에 쓰였다.

만주는 한국사에서 자주 등장하는 지명이기도 하다. 오늘날 중국 랴오닝성, 지린성, 헤이룽장성 일대인데, 중국인들은 만주라는 말 대신 '동북 지방'이라는 말을 즐겨 쓴다. 1932년 일제가 세웠던 만주국을 떠올리기 싫기 때문이다. 중국인들은 2002년부터 2007년까지 '동북 공정'이라는 연구 프로젝트를 수행했다. 현재 중국 땅에서 일어난 과거사를 모두 중국사에 집어넣으려는 시도였다. 이 프로젝트가 끝나고 나서도 중국은 만주에서 펼쳐진 고조선·부여·고구려·발해의 역사를 중국사로 왜곡하곤 한다.

만주 중에서도 중국 연변 지방은 간도라고 부른다. 간도라는 말의 유래에 대해서는 여러 설이 있다. 그중 가장 유력한 것은 한국인들이 두만강에 개간해 놓았던 사잇섬을 가리키던 말이 두만강 건너 전체를 의미하게 되었다는 견해이다.

연해주라는 말은 바다에 연한 지역을 뜻한다. 연해주는 오늘날 러시아 동부의 프리모르스키 지구이지만, 발해 사람들의 터전이었다.

» 8 «

고려의 건국과 후삼국 통일

말기에 접어든 신라에서는 온갖 혼란스러운 상황이 일어났다. 정치
에서는 왕위를 둘러싼 진골 귀족들 사이의 갈등이 극에 달했다. 김
양상은 혜공왕을 죽이고 선덕왕이 되었고, 김경신이 김주원을 내쫓
고 원성왕으로 즉위하자 김주원의 아들 김헌창이 반란을 일으켰다.
김명이 김균정과의 왕위 쟁탈전에서 승리하자, 김균정의 아들 김우
징은 청해진으로 가서 장보고의 힘을 빌려 왕위를 빼앗았다.

경제적으로는 경덕왕 16년인 757년 녹읍*이 부활하여 귀족들
이 자기 녹읍에서 농민 수탈을 강화했다. 녹읍 확대로 줄어든 세금

---

* 녹읍은 귀족 세력 강화의 기반이었다. 관리들은 녹읍으로 받은 지역에서 세금을 거둘 뿐 아니라 백성
들을 불러 일을 시킬 수 있었다. 7세기 후반인 신문왕 때 녹읍을 폐지하고 관리들에게 관료전을 나눠준
데 이어 곡물을 급료로 지급했다. 국가의 공적 통치를 강화하려는 조치였지만, 8세기 중반인 경덕왕 때
녹읍이 부활하면서 다시 귀족 세력이 강해졌다.

을 보충하기 위해 신라 정부가 거두는 세금도 늘어났다. 잦은 재해와 흉년까지 겹치면서 농민들은 대거 도적이 되어 봉기했다. 진성여왕 3년인 889년 전국 곳곳에서 발생한 농민 봉기가 대표적이다. 사벌주에서 시작된 원종과 애노의 반란은 기훤, 양길, 견훤 등의 봉기로 번져갔다. 900년 견훤이 후백제를 세웠고 이듬해인 901년에는 궁예가 후고구려를 건국했다. 후백제와 후고구려의 영역이 확장되면서 신라의 통제력은 왕경 주변으로 축소되었다. 나머지 지역은 스스로 성주·장군이라고 칭하는 호족들이 자체적으로 통치하기에 이르렀다.

그중 왕건은 개성(송악)을 근거지로 삼아 무역을 통해 부를 축적한 바다 상인 집안 출신이었다. 궁예가 송악으로까지 세력을 뻗치자 왕건은 아버지와 함께 896년 궁예의 휘하에 들어간다. 궁예는 왕건의 활약으로 경기도와 충청도 일원 및 전라도 나주 일대를 장악할 수 있었다. 후고구려의 세력이 어느 정도 궤도에 오르자 궁예는 수도를 송악에서 철원으로 옮기고 국호를 마진(904년), 태봉(911년)으로 바꾸는 한편 전제적 왕권을 추구했다. 궁예는 스스로 석가모니가 입적한 후 말세가 된 세상을 구제하러 온 미륵불이라 자처하며 모든 권력을 틀어쥐었다. 이로 인해 지방 호족들과 중앙 정치인들은 소외될 수밖에 없었다. 918년 왕건은 궁예를 몰아내고 왕위에 올라 고려를 건국한다.

왕건은 무엇보다 호족의 지지를 얻기 위해 노력했다. 호족들에게 선물을 잔뜩 보내고 공손하게 대했다. 호족이 자기 지역에서 행

고려 태조 왕건이 후 백제를 격파한 기념으로 지은 논산 개 태사. 현재의 위치는 조선 초에 옮겨진 것이다.

사하던 지배권을 보장해주거나, 호족에게 중앙의 관직을 주는 경우도 있었다. 그러자 호족들은 너도나도 왕건에게 복종하겠다는 뜻을 표했고 충성의 표시로 아들을 보내기도 했다. 왕건은 이들을 중앙의 세력가와 연결해주었고, 자신이 호족의 딸과 결혼하여 가족 관계를 맺기도 했다. 실제로 왕건의 부인 대부분은 호족의 딸이었고 출신 지역도 전국에 퍼져 있었다.

왕건은 민심을 얻기 위한 정책도 시행했다. 흑창에 곡식을 모아 두었다가 가난한 백성들에게 나누어주고 나중에 추수가 끝나면 갚도록 했다. 원래 노비가 아니었던 1천여 명을 양인 신분으로 되돌렸고 한시적으로나마 백성들에게 조세와 부역을 면제해주었다. 즉위하면서 중죄인을 제외한 죄수들을 풀어주기도 했다. 이렇게 왕건은 즉위 이후 호족을 포섭하며 왕권 강화를 꾀하는 한편 민생을 안정시키고자 노력했다.

후백제와 신라에 대한 대외 정책도 평화를 기조로 삼았다. 그러나 견훤의 침입에 신라가 도움을 요청하고 고려가 이에 응하면서 평화가 깨져버렸다. 고려와 후백제는 조물성 전투 이후 서로 인질을 보내 화친을 맹세했지만 오래가지 못했다. 고려에 인질로 갔던 조카 진호가 죽자 견훤은 고려에서 온 왕신을 죽이고 전쟁을 일으켰다. 927년에는 고려가 후백제를 공격하자 신라가 이를 지원했다. 그러자 견훤은 앙심을 품고 신라의 수도로 쳐들어가 경애왕을 살해했다. 이어 견훤은 공산에서 왕건의 군대를 크게 격파했다. 그러나 후백제에서는 견훤의 뒤를 이어 즉위할 왕좌를 둘러싸고 내분이 일어났고 고창 전투에서 고려가 대승하며 전세는 역전되었다.

935년 3월 견훤의 첫째 아들 신검은 반란을 일으킨다. 견훤이 넷째 아들 금강에게 왕위를 물려주려 한 데 반발한 것이다. 신검은 금강을 죽이고 아버지를 김제 금산사에 가두었다. 왕위를 빼앗긴 견훤은 석 달 후 금산사를 탈출해 고려에 망명을 요청한다. 왕건은 견훤을 '상부(尙父)'라고 존경하여 대하면서 남쪽 궁궐을 거처로 제공하는 등 극진하게 대접했다. 935년 11월에는 신라의 경순왕이 고려에 와서 항복을 받아달라고 청했다. 936년 2월에는 견훤의 사위 박영규가 고려에 귀순한다. 그해 6월 견훤은 왕건에게 자신의 왕위를 빼앗은 아들이자 후백제의 왕인 신검을 토벌해달라고 요청한다. 마침내 왕건은 출전 명령을 내리고 일리천에서 후백제군에 승리하며 신검을 비롯한 후백제 사람들의 항복을 받아낸다.

이로써 고려는 신라 말기부터 계속된 혼란을 끝장내고 후삼국을 통일했다. 신라가 백제, 고구려를 멸망시킬 때와 달리, 고려는 후삼국 통일 과정에서 외세에 의존하지 않았고 고구려의 수도였던 평양을 비롯해 옛 고구려의 영토를 많이 되찾았다. 왕건은 고구려 계승을 내세우며 평양을 서경으로 새롭게 건설하여 학교를 설치하는 등 제2의 수도로 삼았다. 또 고구려 계승을 표방하던 발해가 거란의 침입으로 멸망하자 발해 유민을 적극적으로 받아들였다. 고려는 발해를 멸망시킨 거란에 줄곧 적의를 드러냈다. 함께 거란을 공격하자고 중국의 후진(後晉)에 제의하는가 하면, 거란이 사신과 함께 낙타를 보내자 사신은 유배시키고 낙타는 매달아 굶어죽게 한 일도 있었다.

» 9 «

고려의 정치 제도와 지배층

신라에서는 최치원처럼 유능한 인재라도 신분의 벽을 뛰어넘을 수
없었다. 골품에 따라 관등과 관직이 결정되었기 때문이다. 신라 말
에 등장한 후백제, 태봉, 고려는 골품제를 채택하지 않았다. 더구나
왕건은 호족 출신이었다. 덕분에 고려 초기부터 지방 세력이 중앙
정치에 참여할 수 있었고 상급 관청의 장관은 물론 재상도 될 수 있
었다.

하지만 고려 초에는 정치가 무척 불안정했다. 재위 기간이 짧은
2대 혜종(재위 943~945), 3대 정종(재위 945~949)을 거치는 동안 지배층
상당수가 왕위 계승을 둘러싼 정쟁에 휘말렸다. 4대 광종은 막강한
왕권을 휘두르며 국정을 독단적으로 이끌었다. 뒤이은 경종 때는 광
종의 정치에 반발해 복수의 피바람이 불었다.

이러한 경험을 통해 고려 지배층은 누구든 권력을 마음대로 행

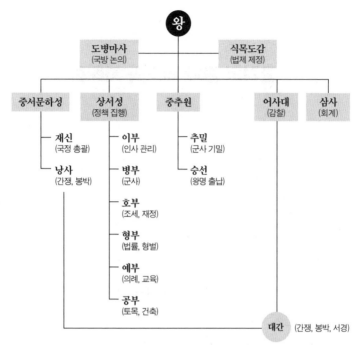

고려의 중앙 정치 제도

사하면 정치적 파국이 온다는 사실을 뼈저리게 인식했다. 그 결과가 6대 성종 때 마련된 중앙 정치 제도였다. 이 제도의 핵심은 권력 독점을 견제하는 데 있었다. 국왕이 최종 결정권을 행사하지만 신하들과 합의하면서 국정을 이끌어가려 한 것이다.

성종은 당나라와 송나라 제도를 참고하면서도 고려의 실정을 반영해 중앙 통치 조직을 갖추었다. 중국의 3성 6부를 기본으로 하되 중서성과 문하성을 합쳐 중서문하성으로 운영했다. 중서문하성의 재신은 국정 전반을 논의하며 국왕을 보좌했다. 중서문하성의 낭사는 간쟁을 맡아 국왕의 잘못된 정치를 비판하고 견제했다. 상서성은 상서도성과 6부로 구성되었다. 상서도성은 중앙에서 지방으로 또는 지방에서 중앙으로 업무를 전달할 때 공문서가 반드시 거쳐 가는 관청이었고, 이·병·호·형·예·공의 6부는 국가 행정을 도맡았다.

중추원은 궁궐 사무·의례·숙직, 연등회와 팔관회의 행사 등을 맡았다. 중추원의 추밀은 다른 신료들과 함께 국정 논의에 참여하기도 했는데, 예종 대부터는 중서문하성의 재신과 함께 '재추'가 되어 국왕의 자문에 응하기도 했다. 중추원의 승선은 왕명 출납을 맡았다.

어사대의 대관은 신료들의 잘못된 정치를 규찰하고 탄핵하거나 풍속을 교정했다. 이들은 중서문하성의 간관(낭사)과 함께 '대간'으로 활동하기도 했다. 대간의 활동에는 왕의 잘못을 비판하는 '간쟁', 왕명이라도 잘못되었다면 가차 없이 돌려보내는 '봉박', 관리 임명 또는 법률 개정·폐지 시 동의나 반대를 하는 '서경'이 있었다.

삼사는 돈과 곡식의 출납, 회계를 맡아 조세의 수납·감면, 녹봉 지급 등을 처리했다. 도병마사와 식목도감은 회의 기구였다. 도병마사에서는 성 쌓기, 군사 훈련 등 변방의 군사 문제를, 식목도감에서는 관료의 임명, 신분 등과 관련된 제도와 격식의 문제를 회의했다.

이러한 제도 아래 고려의 지배층은 중앙 관료를 계속 배출해 자신들의 지위를 유지하려 했다. 광종 9년(958)에 처음 실시한 과거제는 1894년 갑오개혁으로 신분제와 함께 폐지되기 전까지 관료를 선발하는 제도로 기능했다. 과거제는 신라 골품제처럼 혈연이 아니라, 시험을 통해 관리를 뽑는 제도였다. 물론 과거 시험 응시에는 신분적 제한이 있었고, 사회경제적 기반을 갖춘 사람들만이 시험공부에 매달릴 수 있었다. 그러나 과거제가 고려의 최상위 지배층인 '문벌'만을 위한 제도는 아니었다. 문종 대 기록에 따르면 지방 향리나 중앙 관리의 자손이면 누구든지 과거에 응시할 수 있었다.

왕실이나 공신 또는 5품 이상 관료의 자손에게 관직을 주는 음서제도 있었다. 음서제는 일정 지위 이상의 관료들이 자신들의 지위를 재생산할 수 있는 기회였다. 하지만 국가적 차원에서 장려한 것은 과거제였다. 이 때문에 음서로 진출한 사람 가운데 적지 않은 이들이 과거 시험에 응시했고, 국왕도 왕명을 통해 과거 합격자를 칭찬하고 합격자를 발표하는 의례에 참여했다.

고려의 최고 지배층, 문벌

최근 학계에서는 고려 최고 지배층을 문벌귀족이 아니라 '문벌'로 파악한다. 문벌은 현종~문종 대에 사회가 안정되면서 나타났다. 이들은 여러 대에 걸쳐 재상을 배출하거나 왕실 또는 다른 문벌과 혼인 관계를 맺으며 형성된 몇몇 가문이다. 평범한 관료가 문벌이 되기는 지극히 어려웠지만, 그렇다고 문벌이 되는 길이 꽉 막혀 있지는 않았다. 문벌이 신라의 진골처럼 폐쇄적인 신분은 아니었던 것이다. 재상을 계속 배출해야 유지될 수 있기에, 언제든 문벌의 지위를 잃을 수 있었다. 아무나 될 수 없기에 문벌들은 자부심이 대단했지만 그들이 귀족은 아니었다. 귀족 같은 배타적 특권이 없었고, 국왕 또는 문벌이 아닌 재상과 맞서면서 국정을 이끌지는 않았기 때문이다. 대표적 문벌 이자겸도 기고만장하기는 했지만 국왕의 신하라는 정체성은 갖고 있었다.

» 10 «

10~11세기 동아시아 국제 관계와 고려-거란 전쟁

신라 말기부터 고려가 후삼국을 통일하기까지 한반도는 혼란에 휩싸였다. 이때 중국도 격변의 시대를 맞았다. 당나라에서는 변방의 군대를 지휘하던 절도사들이 점점 세력을 키웠다. 755년에는 절도사 안녹산과 그의 부하 사사명이 일으킨 반란이 당나라를 휩쓸었다. 반란이 일어나자 당 현종은 양귀비와 함께 피난을 떠났고 안녹산은 수도 장안을 점령, 황제의 자리에 올랐다. 안녹산과 사사명의 반란은 8년이나 지속되며 당나라를 들쑤셔놓았다. 당나라는 주변 여러 나라의 도움으로 간신히 이 반란을 진압했다. 당나라는 감사의 표시로 위구르에 매년 비단 2만 필을 주기로 했을 뿐만 아니라 공주를 카간(위구르 제국의 군주)에게 시집보냈다.

875년에도 당나라에서 대규모 반란이 일어났다. 당시 당나라는 재정 문제를 해결하기 위해 소금에 세금을 붙이고 그 생산과 판매를 국가에서 관리하며 백성들에게 강매했다. 소금 값이 크게 오르자 정부가 내놓은 가격보다 훨씬 저렴하게 소금을 판매하는 밀무역이 성행하기 시작했다. 당나라 정부가 이를 단속하자, 소금 장수 왕선지가 반란을 일으켰고 같은 소금 장수 가문이었던 황소가 호응했다. 왕선지가 죽은 뒤 황소는 당의 수도 장안을 함락해 국호를 대제(大齊)로 하는 새로운 왕조를 세웠다. 당나라는 여러 절도사에게 지원을 요청했는데 특히 이극용의 활약으로 황소의 난을 토벌했다. 이후 당 황실은 이극용을 견제하기 위해 황소를 배신하고 투항했던 주전충을 절도사로 임명했다. 주전충은 이극용을 비롯한 여러 절도사와의 권력 투쟁에서 승리, 907년 당나라를 무너뜨리고 후량을 건국한다.

당나라가 멸망하자 절도사들의 권력 농단은 더욱 심해졌고 중국은 계속 분열을 겪었다. 이 틈에 성장한 세력 중 하나가 거란족이다. 야율아보기는 8개 부족을 통합, 916년 거란국(요나라)의 건국을 선포했다. 거란은 926년 발해를 무너뜨린 데 이어, 후당을 무너뜨리려는 석경당을 도와주고 그 대가로 만리장성 이남의 연운 16주를 얻었다. 석경당은 후진을 세웠지만 그 후로도 중국은 후한, 후주로 왕조가 바뀌며 혼란에서 빠져나오지 못했다. 이른바 5대 10국의 혼란기였다. 후주 세종의 친위대장 조광윤이 이 분열을 끝장내고 송나라를 세웠다.

중원을 장악한 송나라는 연운 16주를 두고 거란과 대립하지 않을 수 없었다. 979년 송 태종이 북한(北漢)을 멸망시킨 후 거란과 송나라의 본격적인 전쟁이 시작되었다. 송나라와의 전쟁이 일진일퇴를 거듭하자, 거란은 군사를 동쪽으로 돌려 발해 유민이 세운 정안국을 멸망시키고 여진을 토벌했다. 그러면서 거란은 고려에 사신을 보내 자신들의 요동 진출이 고려를 자극하지 않도록 했다. 이즈음 송나라가 고려에 감찰어사를 보내 거란을 공격할 군대를 요청했으나 고려는 거절했다.

거란은 송나라의 대규모 공격을 막아낸 뒤 고려 원정을 준비하기 시작했다. 고려와 송나라의 관계를 차단하고 나아가 송나라를 공격하는 것이 목적이었다. 소손녕이 이끄는 거란군이 쳐들어오자 고려 장수 서희가 나섰다. 거란은 옛 고구려 영토의 영유권이 자신들에게 있는데 신라 땅에서 일어난 고려가 그 영토를 침탈하고 있으며, 고려가 자신들과 국경을 맞대고 있으면서도 바다 건너 송에게 사대하는 데 대한 불만을 드러냈다. 이에 서희는 고려는 고구려를 계승했으며, 여진이 길을 막고 있어서 거란과 연결할 수 없었다고 맞받아쳤다. 양국의 협상은 고려가 거란에 사대하며 거란은 압록강 동쪽 지역을 고려에게 주고 여진을 쫓아내 성을 쌓는 것으로 타결되었다. 994년 고려는 거란의 연호를 시행하는 한편 송나라와 국교를 끊었다. 이어 고려는 '강동 6주'를 설치하여 압록강 동쪽 지역을 확보했다.

이렇게 고려와 화약을 맺은 거란은 1004년 송나라 공격을 감행했다. 승패가 좀처럼 판가름 나지 않는 상황에서 양측은 전연 지역에서 맹약을 체결했다. '전연의 맹약'이라 불리는 이 조약으로 송과

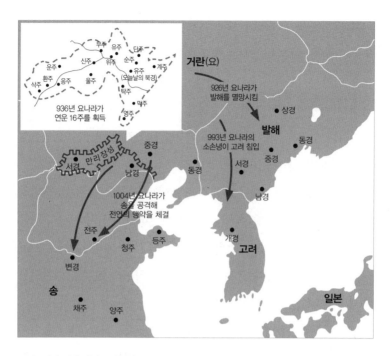

지도에 표시된 지명들:

묘주, 유주, 단주, 신주, 유주, 순주, 운주, 계주, 울주, 유주(오늘날의 북경), 환주, 옹주, 탁주, 삭주, 막주, 영주

936년 요나라가
연운 16주를 획득

거란(요)

926년 요나라가
발해를 멸망시킴

상경

발해

993년 요나라의
소손녕이 고려 침입

동경

중경

남경

만리장성

서경

중경

동경

서경

1004년 요나라가
송을 공격해
전연의 맹약을 체결

전주

청주

등주

개경

고려

변경

송

채주

양주

일본

고려-거란 전쟁 당시 동아시아

거란은 형제 관계를 맺었다. 송나라가 형, 거란이 아우인 관계라 겉
으로는 송나라의 체면이 섰다. 하지만 송나라는 연운 16주를 거란
의 영토로 인정하고 매년 거란에 비단 20만 필과 은 10만 냥을 바
치며 국경 무역을 허락했다. 이렇듯 치욕스러운 조건을 송나라가 감
내해야 할 만큼, 거란은 강국이었다.

1009년 고려에서는 강조가 김치양을 제거하고 목종을 시해했
다. 그러자 거란은 강조의 죄를 묻는다는 명분으로 다시 고려를 침
공했다. 거란의 40만 군대는 강조를 생포하고 개경을 함락했지만

고려의 완강한 저항과 퇴로 차단을 우려하여 고려가 제안한 화친 조건을 수락했다. 고려의 왕이 거란 황제를 직접 찾아뵙고 인사를 올리기로 한 것이다.

고려가 현종이 아파서 도저히 갈 수 없다고 통보하자, 거란은 강동 6주의 반환을 요구했다. 뒤늦게나마 강동 6주의 가치를 깨달았기 때문이었다. 1014년 거란 성종이 고려 토벌을 명령하자 거란군은 여러 차례 고려를 침입했다. 1018년에는 거란 장수 소배압이 10만 군대를 이끌고 고려에 다시 쳐들어왔다. 이때 강감찬의 지휘 아래 고려군은 계곡의 물길을 막았다가 적군이 왔을 때 물을 한꺼번에 내려 보내는 작전, 주변에 적이 사용할 만한 군수 물자와 식량 등을 없애 적군을 지치게 만드는 청야 전술 등을 활용해 거란군을 물리쳤다. 유명한 귀주 대첩(1019)의 승리였다.

거란, 송, 고려의 관계는 이렇게 대규모 전쟁을 거듭하고 나서야 어느 정도 정리되었다. 거란은 군사력으로 고려를 굴복시키지는 못했지만 조공 책봉 관계를 통해 상국이라는 지위를 고려에게 인정받았다. 고려는 강동 6주와 압록강 인근 지역을 지켜냈으며 거란에 조공하면서 송나라에도 사신을 파견했다. 송나라는 전연의 맹약 이후 거란과의 전쟁을 매듭지으면서 형의 나라라는 위신을 얻었고, 거란은 비단과 은 그리고 무역 확대라는 실리를 얻었다.

» 11 «

12세기 여진의 성장과 고려

고려의 대표적인 문벌, 경원(인주) 이씨 집안에서는 무려 7대에 걸쳐 왕비가 나왔다. 헌종이 어린 나이에 즉위하자 이자의는 왕이 병약하다는 이유로 자기 조카를 왕위에 올리려 했다. 문종의 세 번째 아들, 계림공 왕희가 이를 제압하고 숙종에 등극한다. 숙종의 뒤를 이은 예종이 이자겸의 딸을 왕비로 받아들이면서 경원 이씨 집안은 다시 힘을 얻었다. 이자겸은 예종 이후 자신의 외손자 인종이 즉위하자 셋째와 넷째 딸까지 인종의 왕비로 만들었다. 그러면서 송나라에 올리는 글에서 자신을 '지군국사(知軍國事, 왕이 될 사람이나 실권자)'로 칭했고, 그의 아들 의장은 불교계를 장악했다.

　이 무렵 고려 북쪽에서는 여진족이 세력을 키우고 있었다. 원래 여진은 거란의 영향권 아래 있었는데 요동으로 이주하여 거란에 편입된 숙여진, 백두산과 헤이룽강 사이에 남은 생여진 등으로 구분되었다. 생여진은 완옌부를 중심으로 부락 연맹을 형성한 후 빠르게 성장했다. 이들은 고려에 복속되었던 여진족을 침탈하며 고려군과 충돌하기도 했다. 1104년 고려는 윤관 등을 보내 여진 정벌에 나섰다가 패배했고 이후 별무반이라는 대규모 특별 부대를 편성했다. 1107년 고려는 윤관의 지휘 아래 17만 군대를 동원하여 대대적인 여진 정벌에 나섰다. 고려군은 여진족을 몰아내고

윤관이 동북 9성을 쌓고 나서 국경에 비석 세우는 모습을 묘사한 조선 후기 그림 「척경입비도」

'9성'을 쌓아 영토를 확보했다. 그러나 1109년 고려는 여진의 충성 맹세를 대가로 9성을 돌려주었다. 여진의 저항이 계속되어 9성을 지키는 데 막대한 힘이 허비된다는 이유였다.

그 후 여진족을 통일한 완옌부의 추장 아골타는 거란이 정치적 혼란에 빠지자 반기를 들었다. 1115년 아골타는 금나라를 세우고 스스로를 황제로 칭했다. 금나라의 공격에 시달리던 거란은 고려에 협공을 제안했지만 척준경, 김부식 등 일부 신하들의 반대로 고려는 군대를 보내지 않았다. 한편 송나라는 거란이 차지한 연운 16주를 되찾기 위해 금에 거란을 협공하자고 제안했다. 아골타는 송이 금과 함께 거란을 공격하고 거란에 바치던 비단과 은을 금에 바친다면 거란의 수도 베이징을 송에게 주겠다고 답했다. 1125년 아골타

의 동생 태종이 거란의 천조제를 생포하며 결국 요나라는 멸망한다.

이후 송나라와 여진은 티격태격했다. 여진이 직접 싸워 빼앗은 땅이라며 거란의 수도를 넘겨주지 않자, 송은 약속했던 것보다 더 많이 공물을 보내주겠다고 했다. 하지만 여진은 재물을 약탈하고 껍데기뿐인 베이징을 송나라에 넘겼고, 송나라도 약속했던 공물을 보내지 않았다. 악화 일로로 치닫던 끝에 송의 수도 카이펑은 함락되고 말았다. 그렇게 멸망한 송을 북송이라고 한다. 그 후 송나라 휘종의 아홉 번째 아들이 강남으로 피신해 남송을 세웠다.

이렇듯 위태로운 분위기 속에 고려는 여진에 사대하기로 결정했다. 고려와 국경을 마주한 여진의 힘이 거란과 북송을 멸망시킬 만큼 강력하고, 작은 나라가 큰 나라를 섬기는 것은 당연하다는 점 등이 이유였다. 이로써 고려는 불필요한 마찰을 피하면서 여진과의 관계를 형성할 수 있었다. 1142년 금나라가 남송의 고종과 고려 인종을 책봉하면서 동아시아에는 금을 중심으로 한 새로운 질서가 세워졌다.

고려 국내에서도 정치적 변화가 일어나고 있었다. 1126년 인종은 권력을 제멋대로 휘두르던 이자겸을 제거하려다가 반격을 받았다. 이자겸은 궁궐까지 불태우며 발악했고, 왕위를 물려주겠다는 인종을 감금했다. 몇 달 후 인종은 이자겸의 측근 척준경을 이용, 이자겸을 제거한다. 이듬해 척준경은 정지상의 탄핵으로 유배를 떠나고, 인종의 측근 세력은 정지상, 묘청 등 서경 세력을 끌어들인다.

묘청은 고려의 수도 개경이 쇠한 반면 서경에 제왕의 기운이 서려 있다며 풍수도참설에 따른 서경 천도를 주장했다. 서경으로 수도를 옮기면 국력이 강해져 주변국들이 복속해 올 것이라는 이야기였다. 그러면서 인종에게 황제를 칭하고 독자적인 연호를 사용하며 금을 정벌하자고 주장했다. 인종은 묘청의 주장에 따라 서경에 궁궐을 짓게 했는데 벼락이 치고 탑이 불타는 등 불길한 징조가 잇따랐다.

이에 김부식 등은 묘청을 비롯한 서경 세력을 거세게 비판하며 몰아붙였다. 김부식은 막강한 여진에 맞선 모험을 무릅쓰기보다 사대로 평화를 유지하는 것이 바람직하며, 수도 이전이나 부국강병책은 민생을 어렵게 하고 사회 혼란을 초래한다고 생각했다. 1135년 서경 천도가 좌절되자 묘청은 서경을 거점으로 국호를 대위(大爲), 연호를 천개(天開)라 짓고 군사를 앞세워 반란을 일으킨다. 그러나 묘청의 난은 김부식의 군대에 진압되고 말았다.

» 12 «

무신들이 반란을 일으키다

양반은 원래 문반과 무반을 합쳐 부르는 말이었다. 고려 시대의 관료들도 문반과 무반으로 나뉘었는데, 몇 가지 주목할 점이 있다. 문반은 2품 이상 고관이 될 수 있었지만, 무반은 3품까지밖에 오르지 못했다. 군대 지휘권도 문반이 가졌다. 거란·여진과의 전쟁에서 활약한 서희, 강감찬, 윤관도 모두 문반이었다. 이러한 문반과 무반의 차별은 무신 정변 이전까지는 당연시되었다. 소수 엘리트 느낌의 문반을 다들 인정했던 것이다.

무신들은 거란·여진과 전쟁을 치르고 이자겸의 난, 묘청의 난을 진압하는 과정에서 존재감이 커졌지만, 그만한 대우는 받지 못했다. 무신 정중부의 수염을 촛불로 태운 김돈중처럼, 대놓고 무신을 업신여긴 문신들도 있었다. 의종의 향락을 위해 정자나 연못을 짓는 공사에 동원된 군인들의 불만도 이만저만 큰 게 아니었다. 나라에서 그렇게 일을 시키면서도 밥도 주지 않아 군인들은 음식을 싸 가지고 다녀야 했다. 이때 어느 군인의 아내는 너무 가난해서 음식을 장만하기 위해 머리를 잘라 팔았다는 이야기가 유명하다.

의종이 벌이는 연회에서도 무신들은 소외되었다. 의종이 측근들과 노래하고 술 마시며 희희낙락하는 동안, 무신들은 그들을 호위하느라 진이 빠졌다. 1170년, 무신 정변이 일어난 그날도 의종은 나들이 갔다가 보현원이라는 절로 행차할 참이었다. 의종은 도중에 가마에서 내려 무신들에게 오병수박희라는 무예를 겨루게 했다. 그런데 대장군 이소응이 젊은 장수와 겨루다 쩔쩔매자, 한뢰라는 문신이 이소응의 뺨을 후려쳤다. 그 자리에 있던 무신들은 꼭 자신이 망신을 당한 듯 얼굴이 화끈거렸다.

이날, 젊은 무신 이의방, 이고, 그리고 상장군 정중부가 보현원에서 정변을 일으켰다. 이들은 의종을 폐위하고 문신들을 가차 없이 살해했다. 그러고는 의종의 동생을 명종으로 세우고 자신들이 권력을 휘두르기 시작했다. 얼마 안 가 정중부·이의방·이고 사이의 갈등이 깊어지면서 정국은 불안정해졌다. 이고는 왕위까지 탐내며 반역을 시도했는데, 이의방이 미리 알아채고 그를 없애버렸다. 이후 이의방이 실권자로 떠오르자 정중부는 위기감을 느꼈다. 그러나 1173년 문신 김보당이 난을 일으키자 이의방과 정중부는 함께 난을 진압했다. 1174년에는 서경을 지키고 있던 무신 조위총이 난을 일으켰다. 그 혼란 속에서 정중부의 아들 정균이 승려를 사주해 이의방을 살해했다.

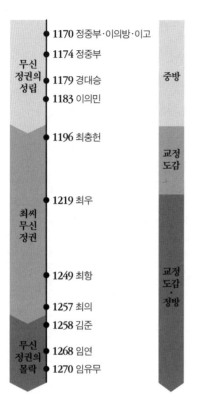

연도	인물	지배 기구
1170	정중부·이의방·이고	중방
1174	정중부	
1179	경대승	
1183	이의민	
1196	최충헌	교정도감
1219	최우	
1249	최항	교정도감·정방
1257	최의	
1258	김준	
1268	임연	
1270	임유무	

무신 정권의 변화와 지배 기구

그렇게 권력을 장악한 정중부·정균 부자는 1176년 망이·망소이의 난이 터지면서 위기를 맞았다. 망이와 망소이가 들고일어난 곳은 공주 명학소였다. 명학소는 고려의 특수 행정 구역 향, 소, 부곡 중 하나로 수공업자들이 모여 숯을 생산하는 곳이었다. 향, 소, 부곡의 주민들은 농민들보다 천대를 받으며 힘들게 살아갔는데, 무신 정변 이후 수탈이 더 심해지자 참다못해 난을 일으킨 것이다. 망이·망소이의 난은 무신 정권에 대한 백성들의 불만이 폭발하는 신호탄이었다.

그 후 20대의 젊은 장군 경대승이 정중부·정균 부자를 없애버리고 권력을 잡았다. 경대승은 무신 정변에 가담하지 않은 인물로, 정변에 참여해 출세한 무신들과는 질적으로 달랐다. 그러나 경대승의 집권도 오래가지 못했다.

경대승이 병을 앓다가 죽자 이의민이 권력을 잡았다. 이의민은 소금 장수였던 아버지와 절의 노비였던 어머니 사이에서 태어났다. 그는 뛰어난 무예 실력으로 의종의 총애를 받았으며, 무신 정변에 참여해 많은 사람들을 제거한 공으로 승진했다. 이의민은 김보당의 반란을 진압하기 위해 경주로 파견되었는데 이 과정에서 의종을 살해했다. 기록에 따르면 왕의 척추를 꺾어 연못가에 던졌다고 한다. 이의민은 조위총의 난을 진압하는 데에도 공을 세우며 승승장구했다. 이의민의 기세는 경대승이 집권하며 수그러들었다. 경대승의 집권을 축하하는 자리에서 경대승이 "임금을 시해한 자가 아직도 살아 있는데 무슨 축하인가?"라고 말했기 때문이다. 이의민은 고향 경주로 가서 때를 기다렸다. 경대승이 죽자 명종은 이의민에게 공부상서 벼슬을 주며 상경시켰다. 계속 높은 벼슬에 오르며 기세등등해진 이의민은 뇌물을 받고 인사권을 휘두르는 등 횡포를 일삼았다. 이의민의 부인과 아들딸들도 마찬가지였다. 한번은 이의민의 아들 이지영이 최충수가 집에서 기르던 비둘기를 빼앗아 갔다. 화가 난 최충수는 형 최충헌에게 이의민을 죽여야겠다고 말했고 결국 1196년 이의민은 최충헌 형제에 의해 제거된다.

최충헌은 이의민이 의종을 시해했고, 백성을 수탈하여 사회를 어지럽게 만들었으며, 국왕 자리까지 엿보았기에 처형했다고 밝혔다. 그는 이의민 일파를 소탕하는 과정에서 자신의 권력에 위협이 될 수 있는 정계의 유력 인사들을 함께 제거했다. 집권한 뒤 첫 18개월 안에 최충헌은 장군 열 명, 대장군 여섯 명, 상장군 여섯 명을 숙청했다. 이를 통해 최충헌은 대장군과 상장군 각 여덟 명으로 구성된 중방이 힘을 못 쓰게 만들었다. 무장들의 빈자리는 문신들이 채웠다. 최충헌은 이규보처럼 정권에서 외면당하고 있던 이들에게 관직을 주거나, 과거에 합격한 문신들을 적극적으로 기용했다. 이후 최충헌은 아들을 후계자로 정했고 최씨 정권은 이전 무신 지도자들과 다르게 60년이나 이어졌다.

무신 정변은 고려 사회에 큰 변화를 가져왔다. 우선 문신에서 무신으로 지배층이 교체되었다. 과거제가 여전히 시행되고 문신이 실무를 뒷받침했지만, 권력에서 소외되었던 무신이 100년간이나 집권하게 된 계기가 바로 무신 정변이었다. 무신이 집권하면서 신분질서도 흔들렸다. 이의민은 천민 출신으로 재상까지 올랐으며, 정권을 쥔 무신 주위에는 충성을 바치려는 사람들이 몰려들었다. 농민, 천민 등 하층민의 저항 운동도 활발하게 일어났다. 최충헌의 사노비 만적은 "무신 정변 이후 천인들이 높은 관직에 많이 올랐으니 장상(장수와 재상)에 어찌 씨가 있겠는가?"라며 반란을 모의했다. 불교에도 큰 변화가 나타났다. 왕실과 문벌이 후원하던 개경 중심 사원은 내리막길을 걸은 반면 무신들의 후원을 받아 선종이 발달했다. 그러한 가운데 선종 승려인 보조국사 지눌이 조직한 정혜결사(수선사)를 비롯해 지방 사찰들이 기존 불교계의 타락을 비판하고 나섰다.

불교의 교종과 선종

교종은 불교 경전을 통한 교리 연구를 중시한 데 비해, 선종은 참선을 통해 마음속의 불성을 깨닫고자 한다. 무신 정변 이전에는 의천의 천태종을 중심으로 교종이 발달했다. 선종은 신라 말부터 꾸준히 지방에서 성장했다. 고려 문벌들 중에도 이자현(1061~1125)처럼 스스로 '거사'라 하며 불교의 선(禪)에 빠져든 사람들이 있었다. 이들의 선에 대한 관심은 선종이 발달하는 토대가 되었다.

» 13 «

몽골과의 전쟁과 무신 정권의 붕괴

최충헌 집권기에 고려는 대외적으로 사상 초유의 위기를 맞았다. 유라시아 대륙을 뒤흔들 세력이 나타난 것이다. 1206년 몽골 초원을 통일한 칭기즈칸은 몽골 울루스('국가'라는 뜻)의 탄생을 선포했다. 이후 몽골은 주변 국가들을 공격하며 무섭게 성장했다.

고려와 몽골이 처음 맞닥뜨린 때는 1218년이다. 금나라가 약해진 틈을 타 거란족은 대요수국을 세웠다. 몽골의 공격으로 대요수국이 무너진 후, 남은 거란족이 몽골군에 쫓기다가 고려 땅으로 들어와 버렸다. 고려는 힘겨운 전투 끝에 거란족을 평양 근처 강동성에 몰아넣었는데, 여기서 뜻하지 않게 몽골군을 만나 합동 작전을 펼치게 되었다. 그렇게 함께 거란족을 무찌른 고려는 몽골과 형제의 맹약을 맺었다. 몽골이 형, 고려가 아우가 되는 관계였는데 사이가 좋을 수는 없었다. 몽골 사신들은 정복자처럼 굴었고 해마다 바쳐야 하는 공물도 상당했다. 1225년 고려에 왔던 몽골 사신이 국경 근처에서 피살되면서 양국 관계는 단절되었다.

이때까지만 해도 몽골의 전쟁은 항복하지 않는 국가나 민족을 응징하고 약탈하는 데 머물렀다. 그러나 칭기즈칸의 셋째 아들 우구데이 때부터 몽골은 세계 제국을 건설할 기세로 정복 전쟁을 벌여 나갔다. 몽골 사신의 의문사도 고려의 소행으로 몰며 전쟁의 구실로 삼았다. 급기야 1231년 몽골의 1차 고려 원정이 시작됐다. 귀주성을 지키고 있던 박서, 김경손 등이 네 번이나 공격을 막아냈지만, 몽골군은 개경을 포위했다. 결국 고려가 몽골에 사대하고 공물과 인질을 제공하며, 몽골은 다루가치를 설치하고 고려군을 징발한다는 조건으로 강화 협상이 이루어졌다.

그러나 무신 정권의 집권자 최우는 수도를 강화도로 옮기고 항전 태세에 들어갔다. 이에 몽골은 1232년 살리타이를 사령관으로 삼아 다시 고려에 쳐들어왔다. 살리타이가 처인성에서 승려 김윤후와 처인 부곡민들의 공격 속에 사망하면서 몽골군은 철수한다.

이후에도 몽골은 1254년까지 크게 네 차례나 고려를 공격했다. 몽골은 개경으로 수도를 옮기고 고려 국왕이 직접 몽골에 와서 항복할 것 등을 요구했다. 계속된 전쟁으로 지친 고려에서는 몽골과 강화하자는 주장이 힘을 얻었다. 그러한 가운데 1258년 최의가 피살되며 최씨 무신 정권은 붕괴되었다.

이듬해 고려 태자 왕전(훗날 원종)이 항복하기 위해 몽골로 떠났다. 그런데 예상치 못했던 상황이 벌어졌다. 고려 태자가 만나려던 몽골의 4대 칸 뭉케가 남송 원정 중에 갑자기 세상을 뜬 것이다. 뭉케의 두 동생 아릭부케와 쿠빌라이는 후계자 자리를 놓고 촉각을 곤두세우고 있었다. 고려는 어느 쪽을 택할 것인가? 중요한 선택의 기로에서 고려 태자는 '신의 한 수'를 두었다. 여러 정보를 입수하고 고심한 끝에 쿠빌라이를 찾아간 것이다.

쿠빌라이는 고려 태자가 온 것은 하늘의 뜻이라며 기뻐했다. 당나라 태종도 정벌하지 못한 나라에서 태자가 찾아왔으니, 쿠빌라이가 으스대며 목에 힘을 주고도 남을 사건이었다. 이때 고려 태자가 강화 조건으로 여섯 가지를 요구하자 쿠빌라이는 대부분 받아들였다. 합의된 사항은 다음과 같다. ① 옷차림은 본국(고려)의 풍속을 따른다. ② 개경으로 환도하는 것은 형편에 따라 시행한다. ③ 몽골군을 철수한다. ④ 고려로 파견된 다루가치는 몽골로 돌아간다. ⑤ 사신은 몽골 조정에서만 보낸다. ⑥ 이미 몽골에 들어와 사는 고려인은 어쩔 수 없지만, 앞으로 항복하는 고려인은 받지 않겠다.

이즈음 고려 국왕 고종도 죽음을 맞았는데, 쿠빌라이는 그를 찾아온 고려 태자를 국왕으로 임명하고 병사들을 보내 귀국 길을 호위하게 했다. 강화도로 돌아온 고려 태자는 원종으로 즉위하고 몽골의 책봉을 받았다.

5대 칸으로 즉위한 쿠빌라이는 몽골 울루스라는 이름이 중국인들에게 어렵다면서 한자로 나라 이름을 '원(元)'이라 지었다. 고려가 몽골과 강화를 맺은 1259년부터 공민왕의 반원 개혁이 마무리되는

1356년까지를 흔히 '원 간섭기'라고 한다.•

원종은 막강한 원나라의 힘을 빌려 무신 실력자들을 견제하고 왕권을 회복하려 했다. 원나라는 당시 고려의 실력자 김준 부자와 동생이 몽골 수도로 올 것을 요구했지만, 김준은 이를 거절하고 원종을 폐위하려 했다. 원종은 임연과 손잡고 김준을 제거했는데, 최고 권력자가 된 임연은 원종을 폐위하고 고종의 둘째 아들을 왕으로 세웠다.

몽골에 갔다가 돌아오던 길에 이 소식을 접한 고려 태자 왕심(훗날 충렬왕)은 다시 몽골에 가서 쿠빌라이에게 도움을 요청한다. 쿠빌라이는 사신을 보내 원종의 복위를 명령했고 쫓겨난 지 5개월 만에 원종은 복위한다. 원종은 직접 쿠빌라이를 찾아가 임연 등을 제거하고 강화도에서 나오기 위해 군대를 빌려줄 것을 요청했고, 자신의 아들 심과 쿠빌라이의 딸을 결혼시키자고 제의했다. 마침내 원종은 군대를 대동하고 귀국하여 무신 정권을 종식시켰다.

원종은 개경으로 환도할 것을 선언하면서 이를 반대한 삼별초를 해산했다. 삼별초는 고려-몽골 전쟁을 거치면서 성장한 군대로 정규군이면서 동시에 무신 실력자들의 사병으로서 반란을 진압했다. 이들은 고려 중앙 정부를 부정하면서 왕족 승화후•• 온을 국왕으

• '원 간섭기'는 고려시대에 사용된 용어가 아닌 후대에 만들어진 학문적 용어로, '간섭'의 사전적 의미는 '직접 관계가 없는 남의 일에 부당하게 참견하다'이다. 최근에는 '원 간섭기'라는 용어가 전쟁 이후로도 100여 년 동안 유지된 고려-몽골 관계에 대한 이해 없이 몽골의 '영향'을 일괄 '간섭'으로 분류하고 있다는 비판이 제기되었다.

몽골과의 전쟁 이후 고려 왕과 주요 사건

23대 고종(1213~1259)	몽골과의 전쟁 시작, 강화도 천도
24대 원종(1259~1274)	무신 정권 붕괴, 원 간섭기 시작, 개경 환도, 삼별초의 난 진압
25대 충렬왕(1274~1298/1298~1308)	♡ 고려 왕실과 몽골 황실의 혼인 시작, 몽골의 머리 모양과 옷차림 수용
26대 충선왕(1298~1298/1308~1313)	♡
27대 충숙왕(1313~1330/1332~1339)	♡
28대 충혜왕(1330~1332/1339~1344)	♡
29대 충목왕(1344~1348)	
30대 충정왕(1348~1351)	
31대 공민왕(1351~1374)	♡ 반원 개혁

※ 괄호 속 연도는 왕위에 있었던 기간
※ ♡ 표시는 몽골 공주와 결혼한 고려 왕

로 추대하여 새로운 정부를 구성했고 강화도에서 진도, 제주도로 옮겨 가며 몽골과의 항쟁을 이어나갔다. 지방민들이 삼별초 항쟁을 지지하거나 직접 참여하기도 했다. 반몽골·반정부 운동이자 기득권을 지키려는 운동이었던 삼별초의 항쟁은 1273년까지 약 3년간 계속되었다.

몽골과의 전쟁이 마무리되면서 고려 무신 정권은 무너졌지만 국왕과 문신들은 원나라와 밀착하기 시작했다. 정치 변동을 위해서

•• 봉지인 승화(현재의 전주)의 이름을 따서 승화후로 불린다.

는 원나라의 지원이 필요했고, 원나라 역시 일본 정벌을 위해 고려와 밀접한 관계를 유지할 필요가 있었다. 이렇게 맞아떨어진 이해관계에 따라 고려는 몽골 황실의 부마국, 즉 사위의 나라가 되었다. 원 간섭기 동안 어려서 죽은 충목왕, 충정왕을 제외한 다섯 명의 고려왕이 원나라 공주와 결혼했다. 고려의 왕이 원나라의 수도에서 성장하면서 측근 세력이 생겨났고 원나라 황제와의 관계는 이들이 권력을 행사하는 데 중요하게 작용했다. 원나라 황제와의 관계에 따라 고려 국왕이 물러나기도 하고 다시 왕위에 오르기도 했다.

이렇게 두 나라가 가까워진 가운데 문화 교류가 활발하게 이루어졌다. 충렬왕 때부터 고려 사람들은 몽골의 호복과 변발을 받아들였다. 몽골에서 들어온 만두, 소주 등을 먹게 되었고 '수라'라는 말과 벼슬아치·장사치처럼 직업을 뜻하는 '치' 같은 말도 생겨났다. 원나라에서도 '고려양'이라는 고려 풍습이 유행했고 고려 불화, 나전칠기 등이 인기를 끌었다.

» 14 «

구텐베르크보다 앞선 인쇄술 발달의 이면

서양에서는 1455년 무렵에 구텐베르크가 금속활자로 책을 찍어냈다. 책의 내용을 일일이 손으로 쓰던 시절에 비하면 놀라운 기술의 진보다. 덕분에 수많은 책이 인쇄되어 빠르게 퍼져 나갈 수 있었다. 우리나라의 금속활자 발명은 구텐베르크보다 수십 년이나 앞섰다. 그런데 우리나라에서는 금속활자가 서양에서처럼 널리 쓰이지는 못했다. 금속활자 발명이 지식 확산으로 이어지지 못한 이유는 무엇일까?

금속활자 이야기가 나온 김에 인쇄술의 역사를 먼저 살펴보자. 인쇄에 필요한 종이는 2세기 무렵 중국 한나라에서 발명되었다. 그 후 나무 판에 글자를 새긴 다음 먹을 발라 종이에 찍어냈다. 이른바 목판 인쇄 방식이다.

우리나라는 세계에서 가장 오래된 인쇄물도 갖고 있다. 석가탑

안에서 발견된 『무구정광대다라니경』이다. '다라니경'은 탑에 넣어
두는 불경이다. 석가탑을 세운 751년 무렵 인쇄되었을 것이다. 손으
로 썼을 법도 한데 왜 목판에 새겼을까? 한 글자, 한 글자 새기는 일
은 고도의 집중력을 요한다. 온 마음을 다해 목판에 새기며 내용을
정확히 담을 수 있었다. 한번 목판에 새겨놓으면 필요할 때 다시 찍
을 수 있는 장점도 있다.

목판 인쇄는 고려 시대에도 이어졌다. 불교 국가 고려에서 가장
중요한 인쇄물은 당연히 불경이었다. 11세기에 거란이 자꾸 쳐들
어오자, 현종 때부터 70여 년간 공들여 대장경을 만들었다. 이 대장
경이 바로 고려에서 처음 만든 『초조대장경』이다. 강감찬을 비롯해
목숨 걸고 싸운 사람들이 있었지만, 고려 사람들은 부처님 덕분에
거란이 물러갔다고 철석같이 믿었다.

소중하기 짝이 없는 이 대장경은 13세기에 몽골의 침입으로 불
타버렸다. 국난을 극복하고자 다시 만든 대장경이 유명한 팔만대장
경이다. 이름에 드러나 있듯이, 경판의 수가 무려 8만여 장에 이른
다. 경판을 눕혀서 차곡차곡 쌓으면 거의 백두산 높이라고 한다. 5천
자가 넘는 글자가 한 사람이 새긴 듯 한결같고, 목판이 수백 년간
온전히 보존된 점도 놀랍다. 해인사 대장경판과 그 외 여러 경판이
세계기록유산으로, 해인사 장경판전이 세계문화유산으로 선정된 이
유다.

물론 불경뿐 아니라 일반 서적도 인쇄했다. 과거제가 시행되면
서 책의 수요가 늘어났기 때문이다. 국자감을 비롯한 학교에, 그리

고 과거 시험을 준비하는 사람들에게 유교 경전을 보급하기 위해 인쇄술이 발달할 수밖에 없었다.

이렇게 축적된 인쇄술을 바탕으로 고려 사람들은 금속활자를 발명할 수 있었다. 『동국이상국집』에 실린 이규보의 글에 "주자(鑄字, 활자)를 사용해 28본을 인쇄"했다는 구절이 있다. 이를 통해 무신 권력자인 최우가 금속활자로 『상정고금예문』을 인쇄했음을 알 수 있다. 이 책은 최우가 진양후에 책봉된 1234년부터 이규보가 죽은 1241년 사이에 인쇄되었을 텐데, 안타깝게도 기록으로만 남아 있다. 1239년에는 『남명천화상송증도가』라는 불교 서적이 금속활자로 인쇄되었지만, 이 책도 전하지 않는다.

현존하는 가장 오래된 금속활자 인쇄본은 『백운화상초록불조직지심체요절』이다. '백운화상이라는 승려가 간추린 깨달음의 핵심'이라는 뜻이다. 흔히 줄여서 『직지』 또는 『직지심경』이라 부른다. 이 책은 1377년에 청주 흥덕사에서 인쇄되었다. 상권은 사라졌고, 하권은 구한말 프랑스로 유출된 후 프랑스 국립도서관에 소장되었다. 이 책이 남아 있는 덕분에 우리나라가 구텐베르크보다 70여 년 앞서 금속활자를 발명한 사실이 입증되었다.

조선 시대에는 태종 때부터 금속활자를 만들었다. 다양한 활자체를 만들어 본문 글자를 큼직하게 또는 작게 넣었고, 주석도 넣었다. 고려 이후 우리나라의 금속활자 제작 기술이 상당했음은 분명하다. 그러나 대량으로 인쇄할 책은 목판으로 찍었다. 금속활자가 있는데도 목판을 주로 사용한 이유는 무엇일까?

白雲和向抄錄佛祖直指心體要節

宣光七年丁巳七月 日 清州牧外興德
寺鑄字印施

名爲新智脉入覺不思議
承口耀問常勤諸人莫學佛法祖自然心早利根
人畫時解脫鈍根人或三五年過不過十年若

去老僧替你入其舌

프랑스 국립도서
관에 소장되어 있
는 『직지』. 청주 흥
덕사에서 금속활
자로 찍었다는 간
행 기록이 마지막
부분에 적혀 있다.

　구텐베르크는 포도주 압착기에서 힌트를 얻어 인쇄기를 만들었
다. 기계의 힘을 빌려 빠르게 인쇄할 수 있었던 것이다. 반면 우리나
라에서는 사람 손으로 일일이 금속활자를 조판, 인쇄했다. 세종 초
기까지는 밀랍을 끓여 조판 틀에 붓고 그 속에 활자를 심어놓았다.
밀랍이 굳으면 활자에 먹을 묻히고 그 위에 종이를 덮어 솜뭉치로
톡톡 두드렸다. 이 과정을 손으로 다 했으니 속도가 느릴 수밖에 없
었다. 게다가 밀랍으로는 활자가 단단히 고정되지도 않았다. 이후
조판 틀과 활자 사이를 대나무로 메워 활자를 단단히 고정했다. 그
덕분에 속도가 빨라졌지만 하루에 수십 장을 찍어냈을 뿐이다.

　아무리 속도를 내도 조선의 금속활자 인쇄는 목판만 못했다. 목
판은 내용에 맞춰 조판할 필요가 없는 데다, 한번 새기면 같은 내용
을 얼마든지 다시 찍을 수 있었다. 많이 찍어야 하는 책이라면 단연
목판이 유리했던 것이다. 결국 우리나라에서는 소량으로 찍어낼 책

에만 금속활자를 사용할 수 있었다. 구텐베르크의 인쇄술은 소수 지배층이 독점하던 지식을 대중에 확신했다는 점에서 높이 평가된다. 그러나 우리나라의 금속활자 인쇄는 수공업에 의지해 속도가 느렸기 때문에 그런 길을 갈 수 없었다.

인쇄의 동기에도 차이가 있다. 서양에서는 라틴어 문법 책을 비롯해 민간에서 필요한 책이 많았다. 이 때문에 인쇄물의 생산 가격을 낮추려고 금속활자 인쇄술을 생각해낸 것이다. 반면 우리나라에서는 국가의 수요에 맞춰 금속활자로 책을 찍어냈다. 『상정고금예문』, 『직지』를 비롯해 대부분 불교 서적 아니면 유교 서적이었다.

개성 부근 무덤에서 출토된 것으로 전하는 고려의 금속활자의 앞면과 뒷면. 복(覆) 자가 새겨져 있다.

결정적 차이는 활자의 수에 있었다. 서양은 수십 개 활자만 있으면 인쇄를 할 수 있었던 반면, 우리나라는 한문으로 된 책을 만드느라 꽤 많은 활자를 만들어야 했다. 조선시대에는 한 번 주조할 때마다 활자를 10만 자 넘게 만들었다고 한다. 더구나 금속활자의 재료인 동은 무척 귀했고, 활자를 주조하는 비용도 엄청났다. 민간에서는 도저히 감당할 수 없는 일이라, 국가가 금속활자 인쇄를 주도할 수밖에 없었던 것이다.

고려에서 조선으로: 역성혁명의 주역들

918년 왕건이 세운 고려는 조선이 건국된 1392년까지 이어졌다. 500년 가까이 유지된 왕조를 허물고 새 왕조를 건설하기란 쉽지 않았다. 그 과정은 범상치 않은 인물들, 극적인 사건들로 채워져 있다.

거의 100년 동안이나 원의 간섭을 받고 있던 고려는 공민왕 때 이르러 반원 개혁에 나선다. 마침 홍건적의 반란으로 원나라가 혼란에 빠져 있을 때였다. 공민왕은 쌍성총관부를 공격, 원나라에 빼앗겼던 동북면 땅을 되찾는데, 이 전투에서 이자춘·이성계 부자가 공을 세운다. 아버지를 따라나선 이성계는 20대 초반의 한창 혈기 왕성한 나이였다. 전속력으로 말을 달려 적에게 활을 쏘아 명중시키는 그의 솜씨는 갈수록 빛을 발한다. 홍건적에게 빼앗겼던 개경을 되찾고, 황산 전투에서 왜구를 물리치며 이성계는 영웅으로 부각된다.

고려 말에는 또 다른 명장, 최영이 있었다. "황금 보기를 돌같이

하라"는 명언은 사실 최영이 한 말이 아니라, 그의 아버지가 남긴 유언이었다. 최영은 아버지의 유언을 기억하며 청렴하게 살기는 했지만, 권문세족에 속했다. 반면 이성계는 함경도 변방 출신이라는 꼬리표 때문에 고려 조정에서 기를 펴지 못했다. 두 번째 부인, 개경 권문세족의 딸 강씨(훗날 신덕왕후)가 이러한 약점을 어느 정도 가려주었다. 정몽주를 비롯한 신진 사대부도 이성계와 뜻이 잘 통했다. 새롭게 떠오른 무장 이성계, 그리고 권문세족의 맞수 신진 사대부는 함께 개혁을 꿈꾸었다. 특히 정도전은 정몽주의 소개를 받고 이성계를 찾아가 개혁 의지를 강하게 내비쳤다.

이 무렵 명나라가 철령 이북 땅을 요구해 왔다. 원나라에 빼앗겼다가 공민왕 때 되찾은 바로 그 땅을, 이제 명나라가 접수하겠다는 얘기였다. 우왕과 최영은 아무리 대국, 명나라라도 그런 요구는 들어줄 수 없다며 요동 정벌을 추진했다. 이성계는 네 가지 이유를 들

신진 사대부를 깊이 들여다보면?

신진 사대부는 공민왕 대에 등장하기 시작한 새로운 정치 세력으로서 권문세족과 대결해 개혁을 추진했다. 이들은 학문과 문장력을 바탕으로 과거제와 무신 집권기를 통해 성장한 세력에서 비롯되었다. 중소 지주층 출신인 신진 사대부는 대지주인 권문세족과 마찰을 겪었다고 알려져 있다. 그러나 신진 사대부 중에는 귀족·권문세족 출신도 있었고, '중소 지주층'이라는 것은 명확하게 입증하기 어렵다. 이에 따라 사회 계층적 성격이 아닌 정치·사상적 공통점으로 묶인 세력이라는 점에서 '신진 사대부'를 '신진 사류'나 '신흥 유신'이라고 규정하기도 한다.

어 이 전쟁에 반대했다. 작은 나라가 큰 나라의 뜻을 거스를 수 없으며, 여름에 전쟁을 벌이는 일은 무모하고, 요동을 정벌하러 간 틈에 왜구가 쳐들어올 수 있으며, 장마철이라 활과 쇠뇌의 아교풀이 흐물흐물 녹고 전염병도 돌 수 있다는 이유였다.

수긍할 법도 한데 최영은 요동 정벌을 밀어붙였다. 최영은 조민수와 이성계에게 요동 정벌군의 지휘를 맡기고, 자신은 우왕 곁에 남았다. 군대가 압록강 하류의 위화도라는 섬에 주둔하고 있을 때, 이성계는 강물이 불어난 데다 군량까지 떨어졌다며 최영에게 군사를 보내 회군 명령을 요구했다. 최영이 끄떡도 안 하자 이성계는 군대를 개경으로 돌렸다.

'위화도 회군'이라 이름 붙여진 이 사건은 조선 건국에 결정적 계기가 되었지만, 그 이면을 들춰보면 소소한 재미를 느낄 수 있다. 역사 기록을 보면 요동 정벌군은 평양을 출발해 위화도에 주둔하기까지 20일 가까이 걸린 데다, 강물이 불어나길 기다리며 여러 날을 지체한 정황도 보인다. 이성계가 애초 요동 정벌에 뜻이 없기도 했지만 거사를 도모하려는 야심에 일부러 꾸물거렸을 가능성이 많다.

군대를 이끌고 개경에 돌아온 이성계는 우왕과 최영을 몰아내고 권력을 잡았다. 이후 창왕이 즉위했으나, 이성계 일파는 우왕과 창왕이 공민왕의 자식이 아니라며 창왕까지 몰아내고 공양왕을 왕위에 앉혔다. 그러고는 토지 개혁에 나섰다. 권문세족이 불법적으로 빼앗은 토지를 몰수해 원래 주인에게 돌려주고, 관료를 18과로 나누어 경기 지역의 농경지에서 조세를 거두게 한 것이 골자였다. 이

태조 이성계 어진

를 과전법이라고 한다.

　그런데 고려 왕조를 유지하느냐, 아니면 새로운 왕조를 세우느냐를 둘러싸고 신진 사대부들이 둘로 갈렸다. "이 몸이 죽고 죽어 일백 번 고쳐 죽어……임 향한 일편단심이야……." 정몽주가 지은 「단심가」다. 이 내용처럼 정몽주는 고려 왕조에 대한 충성을 끝까지 지켰다. 반면에 그의 친구 정도전은 권문세족·불교계의 부패 등 고려 사회의 문제를 뜯어고치려면 모든 것을 갈아엎고 새로 시작해야 한다고 주장했다. 결국 이성계는 정도전 무리와 손잡고 조선을 건국했다. 임금의 성씨가 왕씨에서 이씨로 바뀐, 역성혁명을 이룬 것이다.

　태조 이성계는 첫째 부인 신의왕후에게서 여섯 아들, 둘째 부인 신덕왕후에게서 두 아들을 두었는데, 이 가운데 신의왕후가 낳은 다섯째 아들 이방원이 조선 건국에 가장 큰 힘이 되었다. 이방원은 문과에 급제할 만큼 실력을 갖춘 데다 추진력도 좋았다. 위화도 회군 때 가족을 미리 피신시킨 사람도 바로 그였다. 그러나 이방원은 부하들을 시켜 정몽주를 살해한 일로 아버지 눈 밖에 났다. 이성계에게 정몽주는 조선 건국에 반대한다 할지라도 오랜 세월을 함께한 친구였기 때문이다.

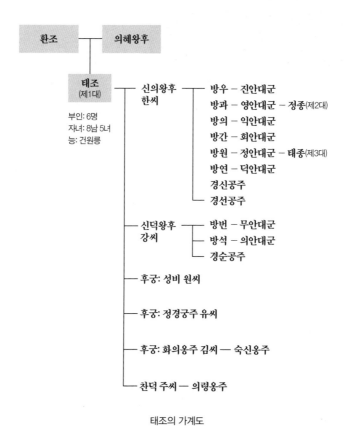

태조의 가계도

어긋나기 시작한 부자 사이는 갈수록 험악해졌다. 이성계가 막내아들 이방석을 세자로 책봉하자 이방원은 크게 실망했다. 세자 책봉에는 신덕왕후의 입김 못지않게 정도전의 의견이 크게 작용했다. 정도전은 세자를 어려서부터 잘 가르쳐 훌륭한 왕을 만들어야 하며, 정치는 왕이 아니라 재상이 이끌어야 한다고 생각했다. 그러한 정치 구도에서는 유능하고 야심 많은 이방원보다 나이 어리고 가능성 많은 이방석이 적격이었던 것이다. 물론 이방원의 생각은 정반대였다.

1398년 이방원은 정도전, 세자 이방석 등을 살해하고 둘째 형 이방과(정종)를 왕으로 추대했는데, 이 사건을 1차 왕자의 난이라고 한다. 1400년(정종 2년)에는 이방원과 넷째 형 이방간 사이에 싸움이 붙어 2차 왕자의 난이 일어났다. 그 결과 이방원이 드디어 조선의 3대 국왕 자리를 거머쥐고 태종이 되었다. 태종은 강력한 왕권을 행사하며 정치를 안정시켜 아들 세종이 이룰 덕치의 기반을 닦았다.

『태종실록』 태종 4년 2월 8일 기사에는 임금이 노루를 사냥하다가 말에서 떨어졌는데 좌우를 돌아보며 "사관이 알게 하지 말라"고 했다는 구절이 나온다. 창피한 사실을 감추려 한 태종도, 기록하지 말라고 명했다는 그 사실까지 적어놓은 사관도 웃음을 자아낸다. 태종은 계모 신덕왕후를 너무도 미워해서 그녀가 묻혀 있던 옛 정릉의 무덤돌을 청계천 광통교를 놓는 데 쓰기도 했다. 뭇사람들이 계모의 무덤돌을 밟고 지나가게 함으로써 두고두고 복수를 한 것이다.

» 16 «

왕권과 신권의 조화를 꾀한
조선의 중앙 정치 제도

조선 시대에 글재주가 뛰어났던 사람 중에 송강 정철이 있다. 유배지에서 그가 지은 작품 중에 「사미인곡(思美人曲)」이 유명한데, 제목을 말 그대로 풀면 '미인을 생각하는 노래'다. '미인'은 누구일까? 바로 정철이 모셨던 국왕, 선조다. 당시에 미인은 마음이 아름다운 사람을 의미했다. 모름지기 왕은 마음이 아름다워야 했던 것이다.

유교에서는 성인(聖人)처럼 도덕의 경지가 높은 왕을 지향했기에, 왕은 끊임없이 공부해야 했다. 세자 시절에는 '서연'에 참석해 신하들에게 교육을 받았고, 왕이 되어서는 신하들과 경전을 기반으로 정책을 논의하는 '경연'에도 참석했다.

도덕에 명백히 문제가 있는 왕이라면 쫓겨났다. 조선 시대에 두 번이나 반정(反正)이 일어난 이유다. 반정은 올바른 상태로 되돌리는 일이다. 연산군이 워낙 폭군이라 중종반정이 일어났고, 광해군의 패륜이 빌미가 되어 인조반정이 일어났다.

그렇게 신하들이 쫓아낸 왕도 더러 있었지만, 당연히 조선의 최고 권력자는 왕이었다. '의궤'라는 기록화에는 왕실 행사 장면이 그려져 있는데, 왕의 모습은 보이지 않는다. 감히 그릴 수가 없어서 왕이 앉은 자리만 그려놓은 것이다.

왕은 그토록 지엄한 존재였지만 정치를 마음대로 할 수는 없었다. "대신은 임금의 팔과 다리이고, 3사는 눈과 귀다." 조선왕조실록에 자주 나오는 구절이다. 여기서 알 수 있듯이 조선의 정치는 국왕, 대신, 3사가 함께 이끌었다. 대신은 의정부의 영의정·좌의정·우의정(정1품), 좌찬성·우찬성(종1품), 좌참찬·우참찬(정2품), 그리고 6조의 판서(정2품)가 핵심을 이루었다.

의정부와 6조의 위상은 왕권이 얼마나 강한지에 따라 변화를 겪었다. '왕자의 난'까지 치르고 왕위를 거머쥔 태종은 6조가 왕에게 직접 정무를 보고하게 했는데, 이를 '6조 직계제'라고 한다. 6조 직

좌의정과 우의정

왕의 수족 노릇을 한다고는 해도, 대신들이 왕이 시키는 대로 하지는 않았다. "아니 되옵니다!" 사극에서 익히 보아온 바다. 대신들 중 우두머리는 삼정승, 그중에서도 최고는 영의정이었다. 그렇다면 좌우정과 우의정 중 누가 더 높았을까? 낮은 관직이나 지위로 떨어지는 경우 좌천(左遷)이라 하는 것처럼, 예전에는 왼쪽을 오른쪽보다 낮다고 여겼다. 그러나 조선 시대에는 왼쪽을 위로 삼은 명나라 제도를 따랐기 때문에 좌의정이 우의정보다 더 높았다.

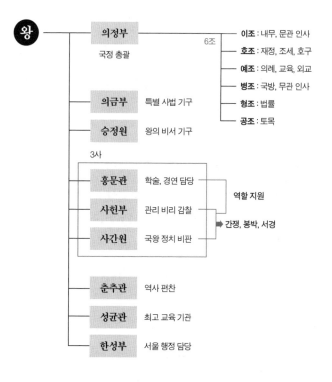

조선의 중앙 정치 조직

계제는 왕권이 강했을 때 실시되었다. 조카 단종에게서 왕위를 빼앗은 세조 때도 6조 직계제였다. 반면에 세종은 6조가 의정부에 일반 정무를 보고한 뒤 의정부의 합의와 결정을 거쳐 왕의 허가를 받게 했다. 이러한 '의정부 서사제'를 통해 세종은 왕권과 신권의 조화를 꾀했다. 연산군을 몰아낸 중종 때에도 신하들이 정국을 주도하면서 의정부 서사제가 실시되었다.

　이렇게 시기에 따라 정치 제도 운영 방식에 차이가 있었지만, 대신들의 성향은 시기를 불문하고 비슷했다. 높은 자리에 있는 만큼 보수적이었고, 정책을 현실적으로 운영하려 했던 것이다. 이들을 비판하고 견제하는 언론 기관이 바로 3사였다.

조선의 중앙 정치 기구 중에 '사(司)'로 시작하는 기구가 둘 있다. 사헌부와 사간원이다. 법 헌(憲) 자가 들어간 사헌부는 오늘날의 검찰이나 감사원처럼, 관리들이 직무 중에 법을 어기지 않는지 감찰했다. 간(諫)은 간언, 즉 잘못된 일을 고치라고 임금에게 하는 말이다. 사간원은 임금에게 간언하고, 관리들의 잘못을 비판했다. 사헌부와 사간원을 '양사'라고 부르다가 성종 때 예문관에서 분리된 홍문관까지 합쳐 '3사'라고 했다. 홍문관은 궁궐의 문서를 관리하면서 왕의 자문에 응했다.

3사는 벼슬이 높지는 않아도 '청요직'으로 통했다. 청요직은 청렴한 사람들이 맡는, 중요한 관직을 뜻한다. 어느 홍문관원은 성종에게 "신하의 도는 의를 따르지, 군주를 따르지 않는다"고 답변했다. 3사가 군주에게 충성하기보다, 옳고 그름을 따져 도덕적 가치를 실현하고자 했음을 보여주는 대목이다.

인사 정책도 왕이 독단으로 할 수 없었다. 조선 시대에 일반 관료의 인사는 이조에서, 무관의 인사는 병조에서 맡았다. 인사 실무자들이 추천한 세 명이 '망'이라는 명단에 올랐는데, 이를 '물망'에 오른다고 했다. 그러고 나면 왕이 이들 중에 적임자를 골라 이름에 점을 찍었는데, 이를 '낙점'이라 했다. 왕이 골랐다고 끝난 게 아니었다. 낙점 후에는 사헌부와 사간원 관리들이 동의하는 '서경'을 거쳐야 했다. 요즘 인사 청문회는 장관급을 임명할 때 열리지만, 조선 시대에는 5급 이하 모든 관리가 서경의 대상이었다. 조선 시대에는 설령 왕이 결정했다 하더라도, 서경을 통해 다시 한번 인사의 전횡을 막을 수 있었던 것이다.

천명을 내세운 정치에서
천문학이 가졌던 의미

세종은 한글을 창제한 성군으로 유명하지만, 천문학에서도 빛나는 성과를 남겼다. 바로 이때 혼천의를 비롯한 천문 관측기구, 『칠정산』이라는 조선의 역법이 만들어졌다. 이 때문에 세종이 그려진 만 원권 지폐 뒷면은 「천상열차분야지도」, 혼천시계의 일부, 보현산천문대의 망원경 등 천문학 관련 그림들로 채워져 있다. 세종 대에 천문학이 발달한 이유는 무엇일까?

유교에서는 왕이 천명, 즉 하늘의 명을 받아 나라를 다스린다고 믿었다. 왕이 천명을 받았음을 보여주려면, 일단 하늘의 뜻을 읽어야 했다. 그러기 위해 하늘을 관측하다 보니 천문학이 발달했다. 고구려 고분벽화에 그려진 별자리, 『삼국사기』에 기록된 일식 같은 기상 이변은 우리 천문학의 역사가 오래되었음을 말해준다.

역성혁명을 단행한 조선은 더더욱 천명을 내세워야 했다. 조선 건국 후 3년 만에 제작된 「천상열차분야지도」가 그 증거가 되어주었다. 「천상열차분야지도」는 고구려 천문도의 탁본을 토대로, 14세기 말 조선이 관측한 데이터에 따라 수정해 그린 천문도이다. 이 천문도는 고구려에 있던 천명이 조선으로 왔다는 메시지를 백성들에게 전해주었다.

천명을 받은 임금은 마땅히 기상 이변을 예측하고 재앙을 막아야 했다. 기상 이변이 오늘날에는 흥미로운 뉴스거리지만 옛날에는 불길한 징조였다. 『삼국지』에서 제갈공명이 "유성이 흘렀다. 내가 죽으려나 보다"라고 했듯이 말이다. 일식도 크나큰 두려움을 자아냈다. 해가 달에 가려질 수 있다는 사실을 몰랐기에, 옛사람들은 하늘의 눈이 잠시 멀어 일식이 일어난다고 믿었다. 고려 문종 1년(1047) 기록에 따르면 일식이 일어나는 동안 시각 장애인들이 모여 북을 울리고, 임금은 신하들과 함께 소복을 입고 해가 다시 밝아지길 기원했다.

세종 4년(1422) 1월 1일에도 일식이 있었다. 이날 일식 예보가 1각(약 15분) 틀리는 바람에 이천봉이라는 사람이 곤장을 맞았다. 그런데 당시 예보는 베이징을 기준으로 만든 중국 역법에서 나온 결과였다. 역법은 쉽게 말해 달력이다. 전근대 동아시아 국가들은 중국 역법을 가져다 쓰고 있었다. 베이징과 서울의 하늘이 다르니 역법에 오차가 생길 수밖에 없었다. 즉위 초부터 이런 문제를 인식한 세종은 신하들에게 산술과 역법 연구의 중요성을 일깨우곤 했다. 천문역법 연구는 세종 12년부터 빠르게 진전되어 세종 24년 『칠정산』

『칠정산』 내편과 외편. 칠정(七政)은 일곱 개의 별, 즉 해, 달, 목성, 화성, 토성, 금성, 수성이다. 별들의 운행이 정치와 연관된다는 생각에 따라 정(政)을 붙였다. 그리고 중국에 대항하는 느낌이 들까 염려하여 역(曆) 대신 계산한다는 뜻의 산(算)을 붙였다.

을 펴내기에 이르렀다. 20여 년의 노력 끝에 비로소 서울을 기준으로 한 역법을 완성한 것이다.

세종 14년 무렵부터는 천문 관측기구를 만들기 시작했다. 이상적 군주의 대명사, 요임금과 순임금은 '천문을 관측해 백성에게 때를 알려주었다'고 한다. 관상수시(觀象授時)라고 하는 이 일은, 임금이 가장 먼저 해야 할 책무로서 중시되었다. 세종도 커다란 관측대인 간의대를 쌓고 여러 천문 관측기구를 만들었다. 시계의 제작에도 힘쓴 결과 해시계인 앙부일구, 자동 물시계인 자격루, 물시계에 혼천의를 결합한 옥루 등 정교한 시계들이 만들어졌다. 수준 높은 이

가마솥 모양의 오목 해시계, 앙부일구. 현재 남아 있는 앙부일구는 17세기 이후 제작된 것으로, 세종 때 앙부일구와 달리 시각을 동물 그림 대신 한자로 새겨놓았다.

러한 발명품은 세종이 요순시대와 같은 태평성세를 이루고자 부단히 노력했음을 보여준다.

천문 관측, 시계 제작이 유교적 이상의 실현을 위한 상징적인 사업만은 아니었다. 예전에는 시각을 묘시(卯時, 오전 5~7시), 진시(辰時, 오전 7~9시) 등 12지의 한자로 표시했는데, 세종은 한자를 모르는 백성도 볼 수 있도록 앙부일구의 안쪽에 12지신의 동물 그림을 그려 넣게 했다. 또 한양에서 오가는 사람이 가장 많던 혜정교(오늘날 광화문 우체국 근처에 있던 다리)와 종묘 앞에 앙부일구를 설치했다. 되도록 많은 백성이 시각을 확인할 수 있게 한 것이다. 이렇듯 앙부일구에는 백성을 생각하는 세종의 마음이 담겨 있었다.

재미있게도, 달력과 시계는 전쟁에서 요긴하게 쓰였다. 세종 1년 대마도(쓰시마섬) 정벌 때는 태일력(조선 초기에 주로 군사와 관련해 사용된 달력)을 맡은 태일관이 군대를 따라갔고, 세종 19년 여진족을 정벌할 때도 태일력에 따라 작전을 펴라는 세종의 지시가 있었다. 세종 때 발명된 여러 시계가 평안도와 함길도(함경도)의 병영에 보내지기도 했다. 그중 일성정시의는 밤낮으로 시각을 측정할 수 있는 신통한 시계였지만 너무 무거웠다. 그래서 행군할 때 편하도록 작은 일성정시의가 다시 만들어졌다. 그런데 이러한 시계와 달력이 전쟁에 어떻게 쓰였을까?

15세기에 조선은 천명을 내걸고 여진·대마도 정벌에 나섰다. 언제 비바람이 불며, 날씨가 흐리고 맑아질까? 군대는 언제, 어느 방향으로 진군하고 물러나야 할까? 이를 점치고 군사를 움직이는 데 태일력과 시계가 사용되었다. 전쟁 중 여러 제사를 때맞춰 지내는 데도 태일력과 시계가 반드시 필요했다. 천명을 내건 전쟁인 만큼, 하늘의 뜻을 알려주는 달력과 시계의 중요성이 부각되었던 것이다.

» 18 «

조선 전기의 대외 관계와 정벌

고대부터 동아시아 국가들은 세계를 중화(中華)와 이적(夷狄, 오랑캐)
으로 구분했다. 화이론(華夷論)이라고 하는 이 세계관에 따르면 중화
를 숭상하고 오랑캐를 물리쳐야 했다. 이때 중화와 오랑캐의 가장
중요한 차이는 거주지나 종족이 아니라, 생활의 풍속·습관 특히 예
악(禮樂)으로 집약되는 유교 정치 이념의 시행 여부에 있었다. 예악
을 갖추지 못하면 오랑캐로 전락할 수 있었고, 예악을 갖춘다면 중
화가 될 수도 있다는 논리였다.

　이러한 동류의식, 그리고 다른 집단에 대한 배척은 동아시아에
국한되지 않는다. 서양에서는 야만인, 이를테면 오랑캐를 가리켜 바
바리안(barbarian)이라고 했다. 그리스어 '바르바로이'에서 유래한 이
단어는 '그리스인과 다른 언어를 쓰는 사람', '참고 듣지 못할 말을
하는 사람' 등을 뜻한다. 로마 제국에 쳐들어온 게르만족, 흉노족 등

여러 이민족이 바바리안에 포함되면서, 바바리안이라는 단어는 야만적이고 폭력적이며 무지하고 미개한 이방인과 이교도(비기독교인)를 의미하게 되었다.

오랑캐 또는 바바리안이라고 불린 이들은 오랫동안 역사 서술에서 주변인으로 다루어졌다. 이에 따르면 대외 정벌은 걸핏하면 변경에 쳐들어와 백성을 납치하고 약탈하는 외부 세력에 대한 응징으로, 정당한 행위였다. 조선 왕조 최초의 대외 정벌은 1396년(태조 5년) 대마도 정벌이었다. 대마도 정벌은 기본적으로 조선에 쳐들어오는 왜구 문제를 해결하기 위한 것이었다. 1396년 왜구는 여러 번 침략해 120척 규모의 선단으로 경상도 3성을 함락하고, 병선을 빼앗고 불태우는 등 피해를 입혔다. 그해 11월 태조는 대마도 정벌을 명령했다.

그런데 왜구에게 입은 피해는 고려 시대보다 조선 시대에 크게 줄어들었다. 대마도 정벌 이후에는 왜구의 침입 규모와 횟수가 더 감소했다. 당시 왜구는 주로 명나라의 해안 지역에서 활동하고 있었다. 명나라 영락제 집권기의 기록에 따르면 왜구가 수백 척, 수천 명 규모로 쳐들어왔다. 이에 조선은 명나라에 왜구 침략 정보를 제공하는 한편 다시금 대마도 정벌을 준비했다. 1419년(세종 1년) 대마도 정벌에는 1만 7,285명의 병력과 227척의 전함이 동원되었다. 이를 통해 조선은 명나라의 피해를 줄였고 대마도의 왜구 세력을 크게 위축시켰다.

여기서 주목할 점이 있다. 두 차례 단행된 대마도 정벌은 왜구의 침입에 맞선 단순한 대응이 아니었다. 조선이 '정벌'이라는 이름

일본의 본래 나라 이름은 '왜'였다. 『삼국사기』 신라 문무왕 10년(670) 기록에 "왜국이 일본으로 나라 이름을 고쳤다"는 내용이 나온다. 그즈음부터 일본이 공식적인 국호가 되었다. 왜구라는 말은 일본 해적을 가리킨다. 신라 문무왕이 "죽어서 용이 되어 왜구 침입을 막겠다"고 한 데서 알 수 있듯이 왜구는 삼국 시대에도 나타났다. 고려 시대에는 충정왕 2년(1350)부터 수백 번이나 왜구가 쳐들어왔다. 최근에는 그 원인을 일본 내부 사정에서 찾고 있다. 일본의 왕이 두 명이 되어 남조와 북조가 다투는 혼란 속에 왜구가 늘어났다는 주장이다.

14~15세기 왜구의 근거지는 쓰시마, 이키, 그리고 나가사키 현 북부의 마쓰우라였다. 땅이 척박한 이 지역의 왜구들이 걸핏하면 한반도 연안에 쳐들어와 식량, 재물을 빼앗아 갔다. 왜구의 손에 죽거나 잡혀간 사람들도 허다했다. 왜구를 토벌한 최영, 최무선, 이성계 등의 활약이 두드러질 수밖에 없는 상황이었다.

새로운 국가 조선에서도 왜구 문제는 중요한 사안이었다. 조선은 일본인의 귀순을 장려하고, 부산포·제포(창원)·염포(울산)의 삼포를 열어 무역을 제한적으로 허락하는 등 회유책을 썼다. 세종 때 이종무가 대마도를 정벌한 것처럼 강경책을 쓰기도 했다. 그러나 중종 때 삼포 왜란, 사량진 왜변, 명종 때 을묘왜변이 일어나 일본과의 관계가 갈수록 험악해졌다.

을 걸고 무찌른 대상은 또 있다. 바로 여진족이다. 조선은 건국 이후 15세기 말까지 일곱 차례나 여진 정벌을 단행했다. 그것도 1~2만 정도의 군대를 동원한 대규모 군사 작전이었다. '정벌'은 죄지은 사람을 정의로운 군대로 응징한다는 취지였다. 조선의 정벌은 정말 정의로운 응징이었을까? 흥미롭게도, 조선의 대외 정벌이 본격화된 세종 대 기록에는 여진의 침입이 실제보다 과장되었다. 여진은

1432년 11월 400여 명이 평안도 여연을 침입한 적이 있다. 그 전까지 여진의 침입 규모와 피해는 적었고 조선은 이를 심각하게 받아들이지 않았다.

여연 침입 사건에 분노한 세종은 신하들과 대책을 논의하기 시작했다. 신하들은 먼저 여연에 쳐들어온 세력의 정체 등을 정확하게 파악하자고 주장했다. 이러한 신중한 입장을 물리치고 세종은 그 원흉을 이만주 세력으로 몰아갔다. 이만주는 남만주에 살고 있던 건주여진을 이끄는 대추장이었다. 하지만 당시 여러 정보와 보고에 따르면 여연에 쳐들어온 세력은 홀라온(忽剌溫) 올적합(兀狄哈)으로 짐작되었다. 그러자 세종은 이만주 세력이 홀라온 올적합을 사칭했다는 논리를 내세웠다. 그러고는 1만 5천의 군대를 동원해 파저강 일대를 대대적으로 정벌했다. 이만주는 자신의 억울함을 명나라에 알리는 한편 조선 조정을 찾아와 조선 왕을 뵙고 공물을 바치기 시작했다. 이렇게 해서 조선은 정벌을 통해 큰 전과를 얻었으나 여진의 침입 횟수는 그 전과 비슷했거나 오히려 증가했다.

당시 명나라는 여진, 북원과 대결하고 있었다. 동남아시아, 인도양, 동아프리카 해안까지 함대를 내보낸 '정화의 원정'으로 유명한 영락제는 다섯 차례의 친정 끝에 얻은 병으로 1424년 전쟁터에서 사망했다. 이후에도 명나라 황제들은 여러 차례 여진과 몽골 등을 직접 토벌했다. 1449년에는 동서 몽골 통일에 성공한 오이라트 족장 야선(也先)과의 싸움에서 명나라 영종이 포로가 되기도 했다.

오랑캐를 물리치며 영토를 넓힌 것은 조선도 마찬가지였다. 이는 4군 6진 설치에서 분명히 드러난다. 4군의 설치는 조선의 파저강 정벌이 준비·단행되던 때와 일치한다. 6진이 설치된 두만강 지역의 정벌은 세조의 집권기에 단행되었다. 4군 6진 설치 이후 조선은 남쪽의 주민들을 이주시켜 농경지를 개간하게 하고, 성을 지어 압록강과 두만강을 조선의 영토 경계선으로 삼았다.

» 19 «

반백년 동안이나 일어난 사화

사육신은 충신의 대명사로 통한다. 충성을 지키려다가 목숨을 잃은 여섯 명의 신하들 말이다. 단종을 왕위에 다시 앉히려던 이들의 시도는 실패로 끝났다. 단종은 숙부인 수양대군(훗날 세조)에게 왕위를 빼앗겼는데, 이 사건이 계유정난이다.

계유정난 때 수양대군을 도운 신하들은 공신으로 책봉되어 부귀영화를 누렸다. 이러한 구세력을 공로 훈(勳)에 옛 구(舊)를 붙여 훈구라고 한다. 이들의 반대 세력이 사림이다. 사림은 조선 건국에 협조하지 않았던 선비들의 뜻을 이어받았다. 이들은 중앙 정계에 나아가지 않고 지방에서 공부하며 제자들을 양성하고 있었는데, 성종 때변화가 찾아왔다. 성종이 훈구 세력을 견제하기 위해 김종직을 비롯한 사림을 등용한 것이다. 정치의 때가 묻지 않았던 사림은 주로 삼사에 진출해 훈구 세력의 비리를 비판했다. 이에 대한 훈구 세력의 통설에서는 조선 전기의 지배 세력을 '훈구'와 '사림'으로 이분하여 그들을 정치적 성향, 경제적 규모, 사회적 배경, 사상적 지향 등 거의 모든 측면에서 상반된 집단으로 파악했다. 두 세력의 정치적 갈등은 '사화'로, 그 후 16세기 말 사림의 정권 장악은 훈구로부터 사림으로의 지배세력 교체로 간주되었다. 이러한 통설을 비판하는 학자들은 '사림'의 개념 규정이 분명하지 않으며, 사림이 신진 인사라기보다는 조선 초기부터 주요한 관리 가문 출신이었다는 점 등을 지적했다. 최근에는 훈구와 사림이라는 이분법적 인식을 지양하면서도 분명히 존재했던 조선 전기 지배층 내부의 정치적 대립을 어떻게 바라볼 것인가에 주목하고 있다.

반격으로 사화가 일어났다.

연산군 4년(1498)에 일어난 무오사화의 전말은 이렇다. 사림 세력의 거두, 김종직은 항우에게 죽은 초나라 의제를 추모하는 「조의제문」을 지은 적이 있었다. 넌지시 빗대기는 했지만 실은 단종을 죽인 세조를 비판한 글이었다. 그 후 김종직의 제자 김일손이 『성종실록』의 사초에 「조의제문」을 넣었는데, 이 사실이 연산군에게까지 알려지면서 문제가 일파만파 커졌다. 원래 실록의 객관성 유지를 위해 사초는 왕도 볼 수 없었다. 그러나 김일손의 사초는 실록 편찬의 총책임자 이극돈을 거쳐 훈구파의 손안에 들어갔고 급기야 연산군까지 보게 되었다. 세조의 증손자 연산군이 길길이 날뛰었음은 물론이다. 이 사건으로 김종직은 무덤에서 꺼내져 시신을 다시 죽이는 부관참시를 당했고, 김일손을 비롯한 김종직의 제자들도 대부분 화를 입었다.

1504년에는 연산군의 어머니 폐비 윤씨 문제로 갑자사화가 일어났다. 윤씨는 성종의 두 번째 왕비였지만 후궁들을 지나치게 질투하던 끝에 폐비가 되었고 급기야 사약을 받았다. 연산군은 즉위 초에 어머니의 불행을 알고 충격에 휩싸였다. 그는 삼사를 비롯해 자신의 잘못을 지적하는 신하들을 혼쭐내는 데 이 문제를 이용했다. 그는 어머니가 억울하게 죽었다며 수많은 신하를 처벌했는데 이때 뜨거운 쇠로 지지며 신문하거나, 토막토막 자르거나, 뼈를 갈아서 바람에 날리거나 손바닥에 구멍을 내는 등 끔찍한 형벌을 신하들에게 내렸다.

1506년, 신하들이 참다못해 연산군을 몰아내고 그의 배다른 동생 진성대군을 즉위시킨다(중종반정). 그런데 중종은 반정 전날까지도 자신이 왕이 되리란 사실을 알지 못했다. 신하들에게 등 떠밀려 왕이 되었으니, 왕권이 약할 수밖에 없었다. 중종은 훈구 세력을 견제하길 기대하며 사림 세력을 등용했다. 예상대로 사림 세력은 과감히 개혁에 나섰는데, 중종은 자신도 비판의 표적이 될 때마다 불만이 쌓여갔다.

기묘사화에 대해서는 재미난 이야기가 전한다. 어느 날, 궁궐의 나뭇잎에 주초위왕(走肖爲王)이라는 글자가 나타났다. 주(走)와 초(肖)가 합쳐진 조(趙) 씨가 왕이 된다는 예언이었다. 중종의 두터운 신임을 받고 있던 조광조는 졸지에 반역자로 몰렸다. 이 글자들은 사실 훈구 세력이 나뭇잎에 꿀로 글씨를 써서 벌레가 파먹어 나타난 것이었다. 하지만 중종은 사림의 개혁에 위기감을 느끼고 있던 터라 훈구 세력과 공모해 사림 세력을 제거했다(1519).

중종 말년에는 왕위 계승을 앞두고 두 외척 세력, 대윤과 소윤이 첨예하게 맞섰다. 대윤은 왕세자(훗날 인종) 편인 장경왕후 윤씨와 윤임 일파였고, 소윤은 경원대군(훗날 명종) 편인 문정왕후 윤씨와 윤원형 일파였다. 결국 인종이 중종의 뒤를 이었지만 즉위 1년을 못 채운 채 세상을 떠났고, 어린 명종이 그 뒤를 이었다. 그러자 수렴청정에 나선 문정왕후와 소윤이 대윤을 숙청했는데, 사림 세력도 대윤과 소윤의 갈등에 휘말려 화를 입었다. 이 사건이 명종이 즉위한 1545년에 일어난 을사사화이다.

단종～명종 시기의 주요 사건

6대 단종 (1452 ~1455)	7대 세조 (1455 ~1468)	8대 예종 (1468 ~1469)	9대 성종 (1469 ~1494)	10대 연산군 (1494 ~1506)	11대 중종 (1506 ~1544)	12대 인종 (1544 ~1545)	13대 명종 (1545 ~1567)
계유정난			사림 최초 등용	무오사화 갑자사화 중종반정	기묘사화		을사사화

※ 괄호 속 연도는 왕위에 있었던 기간

무오사화부터 을사사화까지, 사화가 일어난 기간은 약 50년이다. 성종이 사림을 등용하면서부터 정계의 지각 변동은 불가피해졌다. 기득권을 쥔 세력과 비판적인 신진 세력이 어찌 사이가 좋을 수 있겠는가. 더구나 사림이 삼사에 진출해 왕성한 언론 활동을 벌이는 판에, 훈구 세력이 가만있을 수는 없는 노릇이었다. 사화의 끝은 사림의 패배로 보인다. 그러나 사림은 지방에서 다시 공부에 힘쓰며 후일을 기약했다. 이들은 서원을 세우고 향약을 시행하며 성리학적 질서를 조선 사회에 깊이 뿌리내리는 데 기여했다. 종국에는 이들이 조선 사회의 지배 세력으로 우뚝 서기에 이른다. 이들의 영향력은 천 원, 오천 원 지폐에 새겨진 이황, 이이의 초상만큼이나 뚜렷이 남아 있다.

20

전근대 동아시아 외교의 핵심, 조공과 책봉

한국·중국·일본 간의 역사 분쟁은 아마 끝없이 이어질 것이다. 과거사를 규명하려는 노력과 현재의 이해관계가 맞물려 세 나라는 첨예하게 대립할 때가 많다. 만주에서 펼쳐진 고조선·부여·고구려·발해의 역사를 모조리 중국사에 집어넣으려는 중국의 동북 공정, 독도를 차지하려는 일본의 야욕이 대표적인 예다. 그러한 가운데 조공과 책봉은 오늘을 사는 우리에게 이해하기 어렵고 민감한 주제 중 하나다. 우리나라가 중국에 조공했다는 표면적 사실만 봐서는 '우리나라가 중국의 속국이었나?' 하는 의구심이 들 수 있다. 조공과 책봉은 대체 무엇일까?

조공과 책봉은 중국 역사의 초기부터 생겨났다. 중국 역사는 상(은)-주-춘추 전국 시대-진(秦)-한-위·진·남북조 시대-수-당-송-원-명-청으로 이어졌다. 상나라·주나라 왕은 영토 중 일부만 직접 다스리고 나머지는 작은 나라의 우두머리에게 통치를 맡겼다. 이때 왕은 신하로 삼은 사람들에게 벼슬을 내렸는데 이를 일컬어 책(册)이라 했다. 봉(封)은 벼슬에 따른 토지, 즉 봉지(封地)를 준 일을 가리킨다. 가는 것이 있으면 오는 것도 있는 법, 책봉의 대가는 조공이었다. 조공은 황제의 조정을 찾아가 뵙는 조(朝), 선물을 바치는 공(貢)이 합쳐진 말이다.

한나라 때부터 조공·책봉 관계가 중국 밖까지 확대되었다. 중국인들이 자기 나라를 천하의 중심인 중화(中華), 다른 나라를 이(夷), 즉 오랑캐라 하면서 주변국 왕들을 중국 왕의 신하로 여겼기 때문이다. 이를 화이사상이라고 한다.

사실 자국을 세상의 중심, 문명국으로 여기는 인식은 고대 이집트인, 히브리인, 페르시아인, 그리스인도 마찬가지였다. 앞에서 말한 대로 고대 그리스인은 이민족을 야만인으로 얕보며 바르바로이라 불렀다. 중국이 동서남북의 오랑캐를 각각 동이, 서융, 남만, 북적이라 부른 것과 비슷하다. 조공 제도도 세계 곳곳에 있었다. 다만 서양의 조공은 정복지에서 물건을 거둬 간 것이었다. 이에 비해 동아시아의 조공은 유교 이념에 따라 의례적인 면이 강조되었다.

중국은 대등한 국제 관계를 인정하지 않았고, 주변 나라들은 중국을 섬기며 조공해야 했다. 이렇게 전근대 동아시아 국가들 간에 형성된 관계를 흔히 사대(事大)와 자소(字小)라고 한다. 작은 나라가 큰 나라를 섬기는 대신 큰 나라가 작은 나라를 보살핀다는 뜻이다. 한마디로 조공·책봉 관계는 큰 나라와 작은 나라가 평화롭게 공존한 국제 질서이자 외교 의례였다. 상하 관계가 전제되어 있었지만, 대체로 조공국은 정치적으로 독립되어 있었다. 조공을 통해 경제·문화 교류가 이루어지는 이점도 있었다.

그 이면을 살펴보자. 거리상 중국과 가까운 나라는 조공·책봉이 필수였지만, 멀리 떨어진 나라는 조공만으로 족했다. 예를 들어 당나라와 고구려·백제·신라·발해는 조공·책봉 관계였지만 일본은 당나라에 조공만 했다. 또 당나라는 중국에 사신을 파견한 일본, 페르시아, 진랍(캄보디아 지역) 등 약 70개국을 조공국으로 기록했지만 이 국가들이 전부 중국의 속국은 아니었다.

한반도가 중국과 늘 조공·책봉 관계에 있지도 않았다. 기원전 221년 진(秦)나라가 최초로 중국을 통일한 때부터 명나라가 1644년 멸망하기까지의 기간은 약 1800년에 이른다. 이 기간 동안 중국과 한반도가 전형적인 조공·책봉 관계였던 기간은 600~700년 정도에 불과하다.

일본은 자주적이었는데 한국은 그렇지 않았다는 식의 오해는 곤란하다. 지리적 위치상 일본은 중국과 멀찌감치 떨어져 있어서 중국과 대등하다고 여길 수 있었다. 덕분에 일본은 수나라에 국서를 보내면서 "해 돋는 곳의 천자가 해 지는 곳의 천자에게 무고한지 문안하는 글을 보낸다"고 적었다. 일본의 이러한 생각은 오늘날까지 신성시되고 있는 천황, 붉은 해가 그려진 일장기 등으로 이어졌다.

한반도는 중국 바로 옆에 있다 보니 일본처럼 대놓고 황제국을 칭하지는 못했다. 중국에 사대하는 한편 국내에서 자존심을 지키는

「혼일강리역대국도
지도」

수밖에 없었다. 삼국 시대에도 고구려 광개토대왕, 신라 진흥왕처
럼 중국의 연호를 쓰지 않고 독자적인 연호를 만들어 사용한 왕들
이 있었다. 발해와 고려는 대외적으로 중국에 사대했지만 국내에서
는 황제국을 표방했다. 위·진·남북조 시대처럼 중국 왕조 중심의 국
제 질서가 무너진 혼란기에는 고구려를 비롯한 독자적인 세력 여럿
이 나타나 다원적 국제 질서가 형성되기도 했다.

한반도는 중국에 조공하는 한편, 한반도 주변 민족에게 조공을
받았다. 명나라에 사대했던 조선의 세계관은 「혼일강리역대국도지
도」라는 세계지도에 분명히 나타나 있다. 조선 초기에 만들어진 이
지도에는 세계의 절반 정도 되는 중국 바로 옆에, 한반도가 아프리
카나 유럽 대륙만 한 크기로 그려져 있다. 반면 일본은 아주 작은 섬

들이다. 이 지도는 조선을 중국에 버금가는 나라로 여겼던 조선인들의 자부심을 보여준다.

고려가 원의 부마국(사위의 나라)이었던 시기가 있었지만 이런 이례적인 시기를 제외하면 한반도는 중국에 사대하면서도 정치적으로는 독립되어 있었다. 임진왜란 전후 조선과 명나라의 관계를 기록한 『재조번방지』라는 책을 보면, 조선은 중국 땅도 아니고 중국에 조세를 바치지도 않는다는 내용이 적혀 있다. 조선은 결코 중국의 지배를 받는 나라가 아니었던 것이다. 다만 청나라는 19세기 말 서양 열강과 일본이 동아시아를 놓고 쟁탈전을 벌일 때 조선의 종주국처럼 굴었다.

중국 입장에서 한반도는 예나 지금이나 중요하다. 중국에서는 닭 모양의 자기네 나라 영토에서 만주 지방은 닭 머리, 한반도는 부리에 해당하고 일본 열도는 닭이 쪼려는 먹잇감으로 설명한다고 한다. 이 이야기는 중국이 한반도를 얼마나 중시하는지를 보여준다. 중국은 한반도에 큰 세력이 나타날까, 중국을 위협하는 세력이 한반도와 손잡지 않을까 늘 노심초사했다. 한나라가 고조선을 친 이유도 고조선이 흉노와 관계를 맺었기 때문이었고, 여진족이 조선을 공격한 것 또한 명나라의 배후부터 없애기 위해서였다. 오늘날 한반도를 둘러싼 국제 관계는 중국뿐 아니라 미국, 일본까지 얽혀 복잡하게 전개된다. 이러한 현실을 떠올릴 때 한·중 관계의 역사, 한반도의 지정학적 위치가 자못 흥미롭게 다가온다.

21

한·중·일 삼국의 전면전, 임진왜란

임진년인 1592년, 조선 건국 이래 가장 큰 위기가 찾아왔다. 4월 13일 일본 배들이 부산 앞바다로 밀어닥치며 임진왜란이 시작된 것이다. 일본군은 거침없이 올라오건만 조선은 속수무책이었다. 급기야 선조는 비가 쏟아지던 4월 30일 새벽, 궁궐을 버리고 북쪽으로 피란길에 올랐다. 그렇게 일본은 조선에 크게 한 방을 먹였다. 임진왜란은 대체 왜 일어났으며, 조선은 왜 그리도 수세에 몰렸을까?

당시 조선과 일본의 상황은 판이하게 달랐다. 조선은 건국 이래 200년간 큰 전쟁이 없는 가운데 국방력이 약해져 있었다. 반면 일본은 100년 넘도록 내란이 이어졌다. 전국(戰國, 센고쿠) 시대라 이름 붙여진 그 혼란을, 1590년 도요토미 히데요시가 끝장냈다. 히데요시는 슬슬 나라 밖으로 눈을 돌렸다. 통이 크게도 그는 조선을 넘어 명나라까지 차지하겠다는 야심을 품었다. 전쟁을 도발하면 무사들이 밖으로 나간 덕에 국내가 안정되고, 전쟁에서 얻은 땅을 다이묘 (지방 영주)들에게 나눠줄 수도 있었다. 왜구 차단을 위한 명나라의 해상 무역 금지 정책도 히데요시의 야심에 불을 지폈다.

일본군은 오랜 전란으로 다져진 전투력에, 조총이라는 신무기까지 갖추고 있었다. 조총이 일본 손에 들어간 것은 대항해 시대의 여파였다. 임진왜란이 시작된 1592년은 콜럼버스가 아메리카에 다다른 1492년으로부터 100년이 지난 시점이다. 콜럼버스가 항해할 무렵부터 유럽은 동방을 향해 새로운 바닷길을 개척했다. 숱한 시행착오 끝에 포르투갈은 아시아로, 에스파냐는 아메리카로 나아가, 교류와 선교를 빙자한 침탈에 나섰다. 그처럼 해상 교류가 활발한 시기에, 바다 한복판에 자리한 섬나라 일본은 서양 문물을 쉽게 접할 수 있었다. 조총도 16세기 중엽 표류하던 포르투갈 상인이 일본에 전해주었다.

일본의 심상치 않은 움직임은 1591년 일본에 다녀온 사신들을 통해 보고되었다. 하지만 조선은 설마 전쟁이 일어나겠냐며 대책을 세우지 않았다. 사실 일본은 몇 년 전부터 사신들이 조선의 상황을 염탐해 갔고, 조선인 간첩을 통해서도 정보를 모으고 있었다. 느닷없는 전쟁에 조선 조정과 백성들은 혼비백산했다. 「동래부순절도」에는 백성들이 낫, 괭이 등을 무기 삼아 싸우고, 지붕 위에서 기왓장을 던지는 모습이 묘사되어 있다. 처절한 저항의 끝은 무참한 죽음, 패배였다. 무력한 관군을, 자발적으로 일어난 의병과 이순신이 이끄는 수군이 받쳐주며 조선은 가까스로 전란을 버텨냈다.

임진강 방어선마저 무너지자 선
조는 명나라에 지원군을 청했다.
"입술이 없으면 이가 시리다"는 말
처럼, 조선이 무너지면 곧바로 명나
라도 위기에 처할 상황이었다. 명나
라는 조선 파병을 결정했고, 명군은
조선군과 함께 싸워 평양성을 되찾
았다. 하지만 벽제 전투에서 참패한
후 명나라는 일본과 강화 협상에 들
어갔다. 일본군이 명나라 국경을 넘
어오지만 않는다면 전쟁을 계속할
이유가 없었던 것이다. 지금도 중국

「동래부순절도」

에서는 임진왜란 때의 파병을 '항왜원조(왜에 저항해 도왔다)'라며 생색
내지만, 중국의 원조는 자국을 방어하는 정도에 그쳤다. 일본도 1년
여 전쟁이 이어지는 동안 병력을 손실해왔기에 강화 협상을 반겼다.

그렇게, 조선을 쏙 빼놓고 명나라와 일본이 협상을 이어갔다. 일
본을 완전히 무릎 꿇리려 하는 명나라에 맞서, 히데요시는 명나라
황녀를 일본 왕에게 시집보낼 것, 조선 8도 중에서 남부의 4도를 일
본에 할양할 것 등을 요구했다. 결국 협상은 깨졌고 1597년 일본군
이 다시 쳐들어왔다. 보통 임진왜란이라 합쳐 부르지만, 정유년에
다시 일어난 이 전쟁을 따로 정유재란이라 부르기도 한다. 명나라
정벌을 내세웠던 히데요시는 이제 목표를 수정해 조선 남부를 무력

으로 장악하려 했다. 현실이 되지는 않았지만 놀랍게도 이때 이미 한반도는 분단될 위기에 처했다.

다시 쳐들어온 일본군은 더욱더 잔인해졌다. 일본 장수 가토 기요마사의 기록에 따르면 일본군 한 명당 코 세 개를 할당받았다. 남원성에서는 대장이면 목을 베고, 나머지 사람은 코를 소금에 절여 항아리에 넣어 보냈다. 그때 희생된 조선인들의 코가 교토에 있는 귀 무덤에 묻혀 있다.

7년간 이어진 임진왜란은 1598년 히데요시가 죽고 일본군이 철수하면서 막을 내렸다. 임진왜란은 동아시아 삼국에 큰 변화를 가져왔다. 일본은 조선에서 끌고 간 학자, 예술가, 약탈해 간 도자기, 서적에 힘입어 문화가 현격히 발전했고, 도쿠가와 이에야스가 집권하며 에도 막부 시대로 넘어갔다. 중국에서는 명나라의 국력이 약해진 틈을 타 여진족이 후금을 세웠다. 후금은 나라 이름을 '청'으로 바꾼 뒤 명나라를 무너뜨리고 중국의 새로운 지배자가 되었다.

조선은 임진왜란으로 가장 큰 피해를 본 나라였다. 전쟁 동안 영토 곳곳이 짓밟히고 수많은 사람이 목숨을 잃었으며, 행정 체계도 무너졌다. 16세기 이후 양반, 중인, 상민, 천민으로 세분화된 신분제도 느슨해질 수밖에 없었다. 전쟁 통에 백성들이 살던 곳을 이탈하고, 노비 문서가 불타고, 세금 징수에 필요한 호적과 토지 대장이 없어졌기 때문이다. 바닥난 재정을 메우기 위해 조선 정부가 실시한 납속책, 공명첩은 신분제의 동요를 가속화했다. 납속책은 곡물이나 돈을 바친 사람에게 관직을 주거나, 천인을 양인으로 신분을 올려준

15세기에 동아시아의 국제 질서는 명나라를 중심으로 이루어졌다. 조선 국왕도, 일본 무로마치 막부도 명나라로부터 책봉을 받았다. 그렇게 명나라와 사대 관계를 맺은 조선과 일본은 대등한 관계였다. 이를 교린이라고 한다. 조선에서는 '통신사'를, 일본에서는 '일본국왕사'라는 사절단을 보냈다. 여기서 일본국왕은 막부의 우두머리인 쇼군을 가리킨다. 조선이 쇼군을 정치·외교권의 주체로 인정한 것이다. 통신사(通信使)는 세종이 처음 붙인 이름으로, 믿음을 주고받는다는 뜻이다. 이름 그대로 두 나라의 평화를 유지하는 데 목적이 있었다.

일본이 15세기 후반부터 약 100년에 걸친 전국 시대로 들어서면서 조선과의 교류도 원활하지 못했다. 전국 시대의 혼란이 계속되는 동안 조선과의 무역은 쓰시마를 중심으로만 이루어졌다. 그 후 도요토미 히데요시가 전국 시대의 혼란을 끝장내고, 조선과 명나라로 쳐들어갈 준비에 착수했다. 그 무렵 일본에 다녀온 통신사들 중에 일본의 조선 침략 조짐을 보고한 사람도 있었다. 하지만 조선은 일본이 바로 쳐들어오지는 않을 거라 생각하고 전쟁에 대비하지 않았다.

7년에 걸친 임진왜란을 겪으며 조선과 일본의 평화적인 관계는 산산조각이 났다. 그럼에도 전쟁이 끝나고 1년도 안 되어 일본에서 사신이 찾아왔다. 일본이 국교를 다시 맺자며 손을 내민 것이다. 조선에게도 전쟁을 정식으로 끝맺고, 일본으로 끌려간 사람들을 데려와야 하는 시급한 과제가 있었다. 조선은 반신반의하며 사명대사를 '탐적사'로 파견했다. 탐적사는 적을 정탐한다는 뜻이다. 사명대사는 도쿠가와 이에야스와의 면담을 통해 끌려갔던 조선인들을 귀국시키겠다는 약속을 받아냈다.

이러한 과정을 거쳐 양국의 교류가 재개되었고, 1607년 통신사가 다시 파견되기 시작했다. 이때부터 1811년까지, 200여 년간 통신사가 파견되었다. 400~500명에 이르는 통신사에는 의사, 화가, 춤꾼 등 다양한 인재가 포함되어 있었다. 이들은 조선의 수도 한양에서 일본 에도(도쿄)까지, 반년 넘게 걸리는 먼 길을 떠나 문화 사절단의 역할을 톡톡히 해냈다. 통신사가 오가는 동안 양국의 관계는 평화로웠다.

그러나 먼저 개항하고 근대화한 일본의 침략으로 양국의 관계는 돌이킬 수 없을 만큼 악화되었다. 개항 후 조선이 일본에 보낸 사절단은 더 이상 믿음을 주고받는 통신사가 아니었다. 그들은 예전의 우호를 닦는다는 뜻의 '수신사(修信使)'라 불렸다. 역전된 관계 속에 조선은 수신사를 통해 일본의 앞선 문물을 받아들이고자 했다.

정책이다. 공명첩은 말 그대로 이름을 비워 둔 문서이다. 누구든 공명첩을 사서 명예직을 받고 자기 이름을 써 넣을 수 있었다. 이러한 대혼란을 딛고 조선 왕조는 이후 약 250년간이나 명맥이 유지되었다. 『동의보감』을 펴내는 등 민생 안정에 힘쓰고, 대동법을 비롯한 개혁을 실시하며 지배 체제를 손본 덕분이었다.

임진왜란으로 민족의식이 강화되기도 했다. "일본군은 얼레빗, 명군은 참빗"이라는 말이 당시 유행했는데, 빗살이 성긴 얼레빗보다 촘촘한 참빗이 머릿니를 더 확실히 잡는 법이다. 조선을 도와주러 왔다는 명군이 일본군 못지않은 수탈, 만행을 저질렀다. 조선인들은 전쟁의 참화 속에서 명군, 일본군에 시달리는 가운데 다른 민족과 구별되는 '우리'를 자각했다. 또 왜란 중 선조는 백성이 왜적에 협조하는 것을 막기 위해 한글 교지를 내렸다. 국난 중에 한글이 우리 민족을 하나로 묶는 역할을 톡톡히 해낸 것이다.

» 22 «

치욕의 역사, 병자호란의 전말

병자호란은 한국사에서 가장 수치스러운 전쟁 중 하나로 꼽힌다. 조선의 패배는 역사 기록뿐 아니라, 언제든 우리나라 사람들이 눈으로 확인할 수 있는 증거물로도 남아 있다. 삼전도비가 그것이다. 삼전도비의 정식 명칭은 '청나라 황제의 공덕을 적은 비'라는 뜻의 '대청황제공덕비'다. 이 비석은 병자호란의 대미를 장식했던 부끄러운 장면을 우리에게 기억하게 한다.

병자년이던 1636년 12월 8일, 청나라 군대가 압록강을 건너오면서 병자호란이 시작되었다. 그로부터 두 달이 채 안 된 1637년 1월 30일, 남한산성에 피신해 있던 인조가 성 밖으로 나와 한강변에 있는 삼전도로 갔다. 그러고는 청 태종에게 삼궤구고두(三跪九叩頭), 즉 무릎을 세 번 꿇어 절하고 머리를 아홉 번 조아리는 의례를 올리며 항복했다. 삼궤구고두는 신하가 군주에게 올리는 만주인들의 최고

삼전도비

예절이다. 우리 역사상 중국 왕조에게 이만한 치욕을 겪은 적은 없었다. 당시 조선이 겪은 '굴욕'의 역사는 김훈의 소설 『남한산성』과 동명의 영화로도 그려졌다. 대체 병자호란의 전말은 무엇일까?

정묘호란, 병자호란에서 호(胡)는 오랑캐라는 뜻으로 여진족을 가리킨다. 여진은 사냥, 채집, 농경을 하며 드넓은 만주(오늘날 중국에서 둥베이라고 부르는 지역)에 흩어져 살았다. 청나라의 핵심이 된 만주인이 이들의 후예다. 조선이 명을 섬기듯 여진은 조선을 섬겼다. 그러나 16세기 말 누르하치가 만주의 최강자가 되면서 판도가 바뀌었다. 누르하치는 1616년에 후금을 세웠다. 원래 누르하치가 선포한 나라 이름은 금나라로 번역되지만 12세기에 있었던 금나라와 구분하기 위해 후금이라고 한다.

후금이 명나라와의 전쟁을 선포하고 요동을 공격하자, 명나라는 전쟁을 준비하면서 조선에 파병을 요구한다. 조선은 광해군이 다스리고 있을 때였다. '고래 싸움에 새우 등 터진다'는 말처럼, 싸움에 함부로 끼어들어서는 곤란하다. 그러나 조선은 명의 압박을 모른 척할 수 없어 1만여 명의 군대를 파견했다.

1619년, 조선·명 대 후금의 결전이 벌어졌다. 이 전쟁의 승자는 후금이었다. 명군은 참패했고 조선군도 8천~9천 명이나 희생된 끝에 도원수 강홍립이 살아남은 군사들을 이끌고 항복했다. 강홍립의 항복에 대해 광해군의 밀지가 있었다는 설이 있지만 그 설을 사실로 보기에는 조선군의 피해가 너무나 컸다.

조선이 명나라 편에 서기는 했지만 누르하치는 조선을 섣불리 공격하지 않았다. 명을 굴복시키려면 아직 갈 길이 멀었기에, 누르하치는 조선과 국교를 수립해 평화를 유지하려 했다. 하지만 광해군은 누르하치를 자신과 대등한 군주로 여기지 않았다. 조선에 주둔하고 있던 명나라 장수 모문룡의 군대도 후금의 눈엣가시였다.

그러던 차에 1623년 조선에서 인조반정이 일어났다. 인조는 친명배금을 내세웠다. 즉 명나라와 친하게 지내고 금나라를 배척하겠다는 의지의 표명이었다. 후금도 1626년 최고 지배자가 바뀌었다. 누르하치의 뒤를 이어 홍타이지가 칸(한汗)의 자리에 오른 것이다.

홍타이지는 조선에 주둔한 명군을 몰아내고 조선과 국교를 수

정묘호란의 화를 자초한 명나라 장수 모문룡

후금의 잇따른 공격으로 명나라가 수세에 몰렸을 때, 명나라 장수 모문룡은 군대를 이끌고 조선에 들어왔다. 그는 조선에 주둔하면서 후금을 기습 공격하기도 하고, 금방이라도 요동 수복에 나설 것처럼 큰소리 쳤다. 이에 후금군은 1621년 압록강을 건너 조선으로 쳐들어와 모문룡의 명군을 혼쭐냈다. 이 사건 후 모문룡의 명군은 평안도 철산 앞바다에 있는 섬, 가도로 들어갔다. 그러고는 조선 조정에 갖은 요구를 하고, 들어주지 않으면 행패를 부렸다. 조선은 사대하던 명나라의 장수 모문룡에게 굽실댈 수밖에 없었다. 이러한 모문룡의 존재, 그를 묵인하는 조선의 태도는 후금이 정묘호란을 일으키는 명분 중 하나가 되었다.

립하려고 했다. 두 과제를 단번에 해결하려는 전쟁이 바로 정묘호란 (1627년)이었다. 조선에 들어와 있던 명군이 달아나자 후금은 조선 공격에 들어갔다. 조선 조정은 강화도로 들어가 있는 상태였다. 후금은 조선 조정과 협상을 벌여 형제 맹약을 맺었다.

조선은 이제 명과의 군신 관계 속에서 후금과의 형제 관계를 유지해야 했다. 아슬아슬하게 유지되던 조선과 후금의 관계는 1636년 2월, 위기로 치닫기 시작했다. 후금이 형제 관계를 군신 관계로 바꾸자고 조선에 요구해 온 것이다. 물론 인조는 이 요구를 받아들이지 않았다.

4월, 홍타이지는 황제 즉위식을 거행하고 국호를 대청국으로 바꾸었다. 이때 홍타이지는 조선을 정복이라도 한 것처럼 업적을 과장했다. 당연히, 그 자리에 참석한 조선 사신들은 삼궤구고두의 예를 거부했고 그 바람에 황제 즉위식은 엉망이 되고 말았다.

여덟 달 후, 홍타이지(청 태종)는 조선 정복을 현실로 만들기 위해 친히 전쟁에 나섰다. 그렇게 병자호란이 시작됐다. 청 태종은 정묘호란 때처럼 강화도로 들어가려는 조선의 전략을 미리 알아채고 재빨리 서울을 기습했다. 인조는 강화도로 가려다 말고 다급히 남한산성으로 몸을 피했다. 그러고는 청군에 포위된 채 남한산성에 갇히고 말았다. 인조를 구하러 온 조선군은 속속 청군에 격파되었다.

시간이 흐르면서 성안의 식량과 물자는 점점 바닥났다. 인조의 수라상에 반찬으로 닭다리 하나만 놓일 정도였다. 인조가 "처음에 성에 들어왔을 때는 새벽마다 여러 닭이 울었는데 이제 소리가 안

들린다. 이제 닭고기를 쓰지 마라"라고 했다는 이야기가 유명하다.

성 밖의 청군은 조선의 항복을 여유롭게 기다렸다. 그러나 1월 중순, 청 태종은 갑자기 조선과의 협상을 서둘렀다. 당시 청군 진영에 천연두(마마) 환자가 생겼던 것이다. 다급해진 청 태종은 인조가 성 밖으로 나오고 청과의 항전을 주장했던 신하 두세 명만 넘겨주면 철군하겠다고 제안했다.

인조는 항복 의사를 밝혔지만 성 밖으로 나오기를 꺼렸다. 그러자 청군은 남한산성을 공격하는 한편 강화도를 함락해 인조를 압박했다. 결국 인조는 남한산성에서 나와 삼전도에서 청 태종에게 삼궤구고두를 할 수밖에 없었다.

병자호란 후 소현세자, 봉림대군 등 왕족을 비롯해 수많은 사람이 청나라로 끌려갔다. 오랑캐에게 무릎 꿇은 치욕은 두고두고 잊히지 않았다. 효종 때에는 송시열 등이 북벌을 주장했다. 북쪽의 청나라를 정벌해 치욕을 씻어버리자는 주장이었다. 전쟁 준비까지 했지만, 맹위를 떨치고 있는 청나라를 치는 데는 한계가 있었다. 청나라에 대한 증오 한편에는 여전히 명나라를 숭배하는 의식이 자리하고 있었다. 사신의 칭호에도 그런 의식이 담겨 있었다. 명나라에 보내는 사신은 천자를 뵈러 간다 하여 '조천사'라 했지만, 청나라에 보내는 사신은 그저 연경에 간다는 뜻으로 '연행사'라 했다. 그러나 청나라를 다녀온 사람들을 통해 청나라의 발전상이 알려지고 서양 문물도 전해지면서 조선에는 청나라와 서양 문물 등을 받아들이자는 북학 운동이 일어났다.

조선 시대의 세 가지 세금과 그 변천

조선 시대에는 어떻게 세금이 운영되었을까? 우선 조선 왕조가 이상으로 삼은 당나라의 조용조부터 살펴보자. 당나라는 균전제로 농민에게 토지를 나눠주고 그들을 군인으로 삼는 부병제를 시행했다. 이 제도는 맹자의 항산항심(恒産恒心), 즉 '항상 생산이 일정해야 늘 같은 마음을 유지할 수 있다'는 가르침에 가까웠다. 당나라는 균전제로 생업을 일정하게 보장해주었기 때문에 조용조를 사람을 단위로 한 인두세로 거둘 수 있었다. 이러한 제도는 당나라 후기에 무너졌지만 이후 이상적인 제도로 자리매김했다.

조선 왕조도 세금을 조용조 체제로 정비했다. 조(租)는 토지에서 곡물을 거두는 전세, 용(庸)은 국가에서 필요한 일을 시키는 역(役), 조(調)는 집집마다 지역 특산물, 즉 공물을 거두는 공납이다.

세종 때 만든 공법은 전세 부과의 기준이 되었다. 즉 토지를 비옥한 정도에 따라 여섯 등급으로 나누고(전분6등법), 해마다 얼마나 풍년인지에 따라 아홉 등급으로 나누어(연분9등법) 전세를 차등 있게 거두기로 했다. 이 제도에 따라 토지 1결당 쌀 최고 20두~최저 4두를 거두었는데, 이 방법은 너무 복잡하고 현실에 적용하기 어려웠다. 그래서 조선 후기에는 전세를 토지 1결당 쌀 4두로 영구히 고정했다. 이를 영정법이라고 한다.

백성이 가장 부담스러워한 세금은 공납이었다. 각 고을에 할당된 인삼, 꿀, 청어, 전복 같은 공물은 해마다 생산량과 품질이 고르지 않은데, 매번 일정량을, 그것도 최고 품질로 바쳐야 했다. 공물을 신선한 상태로, 때맞춰 관청까지 운반하는 일도 고역이었다. 이런 현실 속에서 중간 상인이 대가를 받고 공물을 납부해주는 '방납'이 생겨났다. 백성들은 공물 값어치만큼의 쌀을 중간 상인에게 내기만 하면 되었다. 일견 편리한 듯하지만, 방납의 방(防)은 직접 공물 납부하는 것을 중간 상인이 '막는다'는 뜻이다. 중간 상인들은 공물 수납 관청과 결탁해 공물 값을 몇 배로 올리고, 관리들과 함께 이득을 취했다.

이렇듯 문제가 심각했던 공납은 17세기에 대동법으로 개혁되었다. 대동(大同)은 공자의 말에서 비롯된, 유교적 이상 사회를 뜻한다. 대동법의 실시로 백성들은 특산물 대신 토지 1결당 쌀 12두의 대동미를 내게 되었다. 대동법의 핵심은 토지를 많이 가진 사람일수록 대동미를 많이 내어, 가난한 사람의 부담을 덜어주는 데 있었다. 대동법은 16세기부터 조금씩 논의되고 시도되다가 숙종 때 이르러서야 전국에 실시되었다. 국가가 필요한 공물은 공인이라는 상인이 납부했다. 공인은 국가에서 물품 값을 받아, 물품을 시장에서 사 오거나 수공업자에게 주문해 생산하게 했다.

'역'이라는 공적 의무의 대상은 16~59세의 양인 남성이었다. 이들은 호패를 차고 다니며 정부의 통제, 관리를 받았다. 16세부터인 이유는 이때부터 성인으로 간주했기 때문이다. 그리고 60세부터는 노인으로 규정되어 역에서 벗어나는 것이 원칙이었다. 역 중에서 궁궐·성곽·도로 공사 현장 같은 데 동원되던 것은 요역이라 한다. 가장 중요하고도 비중이 큰 역은 군 복무, 즉 군역이었다.

원칙적으로는 양반이든 평민이든 군역을 졌지만, 양반은 군역을 면제받을 수 있는 합법적인 이유가 있었다. 우선 관리들에게는 군역이 부과되지 않았다. 관직을 맡아 국가를 위해 일하는 것도 역으로 간주되었기 때문이다. 서원이나 향교 등의 학생도 장차 국가를 위해 일할 사람이므로 군역을 지지 않았다. 자연스레 군역은 평민의 몫이 되었는데, 좀처럼 전쟁이 일어나지 않는 상황에서 군역을 지는 대신 군포를 내는 일이 점차 늘어났다. 정부가 이런 방식을 공식적으로 인정하면서 군포는 재정 수입이 되었다. 요역도 차츰차츰 면포를 내는 방식으로 바뀌었다.

군포는 성인 남자 1명당 매년 2필씩 내야 했다. 그런데 부유한 평민들은 대개 양반을 사칭해서 군포 징수에서 빠져나갔다. 생계가 막막한 사람들이 집을 떠나는 바람에 이웃이나 친척이 대신 군포를 내는 일도 많았다. 이러한 폐단을 없애고자 영조가 실시한 개혁이

균역법이다. 균역법은 말 그대로 '역을 고르게 한다'는 뜻으로, 고통 분담 면에서 대동법과 상통한다. 영조는 1년에 2필씩 내던 군포를 1필로 줄여 가난한 백성의 부담을 덜어주었다. 그리고 부족한 재정은 어전과 염전에서 받는 어염세, 선박에 붙이는 선세, 양반 행세를 하던 부유한 양인의 자제들에게 선무군관이라는 칭호를 주고 1필씩 받는 선무군관포 등으로 메웠다.

조선은 대동법, 균역법 같은 개혁을 단행하며 재정 위기를 정면 돌파했다. 왜란, 호란, 극심한 기근 등을 극복한 조선의 위기 대처 능력은 높이 평가받는다. 정조 사후 19세기 세도정치기에는 지방 재정 운영의 자율성이 확대되었다. 지방을 단위로 설정된 재정 총액에 기초하여 지방 관청의 재정이 운영되었고, 이와 함께 삼정 문란으로 알려진 변화가 나타났다. 삼정은 전정, 군정, 환곡이다. 전정은 토지에 대해 전세, 대동미 등 여러 세금을 거둔 일이고, 군정은 군대에 가야 하는 남자들에게 군포를 거둔 일이다. 그러나 군정이 문란해지면서 어린아이, 노인, 죽은 사람, 심지어 배 속의 아이 몫까지 군포를 거두는 일도 있었다. 환곡은 원래 관청에서 농민에게 곡식을 빌려주었다가 갚게 하는 제도였지만, 부패한 관리들은 환곡을 빼돌린 다음 농민에게 몇 배로 받아내기도 했다. 이 같은 상황은 농민 봉기를 촉발하는 여러 요인 중 하나가 되었다.

» 24 «

붕당 정치와 영조·정조의 탕평책

명종 대의 외척 정치는 1565년 문정왕후가 죽고 나서야 막을 내렸다. 곧이어 사림의 시대가 열렸다. 명종의 뒤를 이은 선조 때, 사림은 드디어 정치의 주역이 된다. 사림은 학파, 출신 지역, 연령 등에 따라 정치에 대한 생각이 달랐다. 이러한 차이를 배경으로 사림 안에 여러 붕당이 생겨난다.

붕당의 시작은 선조 8년(1575년)에 나타난 동인과 서인이다. 관료들의 인사권을 쥔 이조 전랑(이조의 정랑과 좌랑)의 임명 문제를 놓고 김효원과 심의겸이 티격태격하다가 사림이 두 편으로 갈라선 것이다. 김효원이 한양의 동쪽에, 심의겸이 서쪽에 살아서 이들을 지지한 사람들을 동인, 서인이라 부른다. 언뜻 보면 관직 때문에 다툰 것 같지만, 사실 두 편은 외척 정치 청산의 수위 조절 면에서 입장이 달랐다. 동인은 젊은 혈기로 타협의 여지가 없었던 반면, 서인은 양심

132

적인 외척 일부를 봐주자는 입장이었다. 이후 동인은 남인과 북인으로, 서인은 노론과 소론으로 갈라졌다.

붕당은 점점 작은 집단으로 쪼개졌다. 북인은 노련한 대북과 젊은 성향의 소북으로 나뉘었다. 광해군 대에는 대북이 정권을 잡았지만, 인조반정으로 서인에게 권력이 넘어갔다. 이후 정치는 대체로 서인이 주도하면서 남인이 참여하는 형국으로 흘러갔다.

서인과 남인은 현종 때 두 차례 예송을 벌인다. 예송은 말 그대로 예절에 대한 논쟁이다. 효종이 죽은 기해년(1659년), 그리고 효종의 왕비인 인선왕후가 죽은 갑인년(1674년), 효종의 어머니인 자의대비의 상복 기간을 두고 논쟁이 붙었다. 효종처럼 둘째 아들이었던 왕이 죽은 경우 그의 어머니가 상복을 입는 기간은 『국조오례의』에 규정되지 않았다. 사림은 예(禮)를 성리학적 가치와 사회 질서의 구현으로 여겼기에 이 문제를 허투루 넘길 수 없었다. 정치적으로는 여당인 서인이 신권을, 야당인 남인이 왕권을 강화하려는 노선의 차이가 있었다. 거듭된 논쟁 끝에 기해예송에서는 서인이, 갑인예송에서는 남인이 승리했다.

예송이라는, 치열한 학문적 논쟁이 펼쳐진 데서 알 수 있듯이, 붕당 정치는 단순한 권력 다툼이 아니었다. 붕당 정치의 긍정적인 면은 분명 있었다. 다양한 의견 개진으로 정책 선택의 폭이 넓어졌고, 다른 당을 의식해 저마다 부정부패를 삼가는 효과도 있었다. 그러나 숙종 때부터는 여러 세력이 공존하지 않고, 집권 세력이 다른 세력을 쫓아내는 현상이 벌어졌다. 이를 국면이 바뀐다는 뜻으로 '환국'

이라 한다.

선조~정조 시기의 주요 사건

14대 선조 (1567 ~1608)	15대 광해군 (1608 ~1623)	16대 인조 (1623 ~1649)	17대 효종 (1649 ~1659)	18대 현종 (1659 ~1674)	19대 숙종 (1674 ~1720)	20대 경종 (1720 ~1724)	21대 영조 (1724 ~1776)	22대 정조 (1776 ~1800)
붕당 출현 임진왜란	인조반정	정묘호란 병자호란	북벌 시도	기해·갑인 예송	경신·기사 ·갑술환국		완론 탕평책	준론 탕평책

※ 괄호 속 연도는 왕위에 있었던 기간

숙종과 인현왕후(중전 민씨), 후궁들의 사랑 이야기는 유명하다. 숙종의 사랑을 쟁취한 후궁, 소의 장씨는 아들(훗날 경종)을 낳고 품계가 희빈으로 올라갔다. 그가 바로 장 희빈이다. 남인은 장씨 편에 섰지만, 서인은 장씨의 아들을 세자로 책봉하는 데 반대했다. 화가 난 숙종은 서인을 모조리 쫓아냈다(기사환국). 이때 서인 중 노론의 거두, 송시열도 사약을 받았다. 그렇게 서인에서 남인으로 집권 세력이 바뀌었는데, 숙종이 새로운 사랑에 빠지고 만다. 중전이 된 장씨는 숙종의 마음을 빼앗아 간 숙원(이후 숙빈으로 승격) 최씨를 괴롭히다 못해 독살하려 했다. 그러자 숙종은 남인을 몰아내고 민씨를 다시 중전으로 들였다(갑술환국). 이후 노론과 소론이 정치를 주도한다.

숙빈 최씨도 아들을 낳아, 이제 숙종의 아들은 둘이 되었다. 소론은 희빈 장씨가 낳은 세자 편에 섰다. 노론은 숙빈 최씨의 아들, 연잉군 편이었다. 숙종이 죽고 세자가 즉위했지만, 몸이 너무 약한 그에게서 왕자 출산을 기대하기는 힘든 상황이었다. 노론의 재빠른 노력으로 연잉군은 세제에 책봉되었고, 경종이 죽은 후 왕위에 올랐다. 그가 영조이다.

즉위하기 전에 영조는 붕당의 다툼 속에 피바람을 목격했고, 반역자로 몰릴 뻔한 적도 있었다. 그가 배다른 형인 경종에게 게장을 올려 독살했다는 소문까지 돌았다. 붕당의 폐단을 뼈저리게 겪은 영조는 탕평책을 밀어붙인다. 탕평은 『서경』에 나오는 "무편무당 왕도탕탕(無偏無黨 王道蕩蕩) 무당무편 왕도평평(無黨無偏 王道平平)"에서 따온 말로, 어느 편

성균관대학교 교정에 남아 있는 탕평비. 영조는 장차 관료가 될 유생들의 마음에 새겨두기 위해 성균관에 탕평비를 세웠다.

이나 당에도 치우치지 않고 공평해야 한다는 뜻이다. 영조는 이조 판서가 노론이면 바로 아래 이조참판 자리에는 소론을 임명하는 식으로, 노론과 소론을 고루 등용했다. 이러한 영조의 탕평책은 그에게 동조하는 온건한 신하들 중심으로 이루어져 완론 탕평책이라 불린다.

탕평책의 목적은 지배층의 힘을 모아 국가적 과제를 해결하는 데 있었다. 영조는 균역법을 실시해 백성의 군포 부담을 반으로 줄여주었다. 청계천의 밑바닥을 긁어내 주변을 정비하는 공공사업도 벌였다. 이 모두가 붕당의 다툼에 휘말렸다면 하지 못했을 일이다.

영조는 검소한 생활을 솔선수범했고, 신하들과 함께하는 경연에도 열심이었다. 세자도 그런 성군(聖君)이 되어야 했지만 영조의 기대에 부응하기에는 한참 모자랐다. 반면 세손(훗날 정조)의 총명함은 나날이 빛을 발했다. 영조의 마음이 세손에게 쏠릴수록 세자가 느낀 소외감이 커진 것은 물론이다. 세자는 영조의 지나친 기대, 붕당의 암투 속에 가중된 스트레스 등으로 급기야 정신 질환에 걸려 갖은 비행을 저질렀다. 영조는 결국 세자를 뒤주에 가두어 죽도록 내버려 둔다. 사도(思悼)는 영조가 그의 죽음을 애도하며 내린 시호이다.

사도세자의 아들 정조는 1776년 왕위에 올랐다. 당시 신하들은 사도세자 문제로 다투었고, 영조의 측근 세력도 개혁을 가로막고 있었다. 그럼에도 정조는 강경한 신하들 위주로 준론 탕평책을 펼쳤다. 정조의 뜻을 관철하는 데 필요한 새로운 세력은 규장각에서 나왔다. 첩의 자식을 차별하지 않는 정조의 정책에 따라 박제가, 이덕무 등 젊은 인재들이 규장각에서 활약하며 학문적으로 개혁을 뒷받침해주었다. 정조의 신변은 새로 만든 장용영이라는 친위군이 지켜주었다.

정조 대의 개혁은 수원 화성에서 절정을 이루었다. 어릴 적 목격한 아버지 사도세자의 죽음은 정조에게 잊을 수 없는 상처였다. 그는 아버지 사도세자의 묘를 양주 배봉산에서 명당인 수원 화산으로 옮기고 화성을 건설했다. 그는 수원 화성을 실학이 반영된 모범 도시로 설계했다. 흉년에 대비한 저수지를 사방에 만들었고, 국영 농장을 두어 자급자족할 수 있도록 했다. 또 상인과 수공업자가 화성에 모여들도록 3년간 세금을 면제해주었다. 정조는 이러한 여러 개혁을 화성에서 실험한 다음 전국에 확산하려 했다.

1800년 정조가 갑자기 승하하면서 그가 추진하던 개혁은 중단되고 말았다. 이후 순조와 헌종이 어린 나이에 즉위하면서 외척의 정치 개입 정도가 심해졌다. 철종 때 농민 봉기가 잇따라 일어나며 조선은 위기로 치닫는다.

조선 후기에 나타난 실용적 학문, 실학

실학은 일반적으로 영조·정조 대를 전후해 나타난 실용적 학문을 말한다. 왜 이때 실학이 나타났을까? 청나라가 중국을 통일한 후, 조선 지식인들은 점차 중화주의에서 벗어나 조선 문화의 독자적 가치를 깨달았다. '화(華)와 이(夷)는 마찬가지'라며 화이론에 정면으로 맞선 홍대용 같은 학자들도 있었다. 이즈음 전해진 서양 문물과 천주교도 현실적으로 세상을 바라보는 데 영향을 주었다. 대동법, 균역법 등 일련의 개혁도 실학의 배경으로 빼놓을 수 없다. 이러한 개혁은 현실을 개선하려 했지만 백성들은 고통스러운 삶에서 헤어나지 못했다. 이에 유형원, 정약용, 박제가 등 실학자들이 과감한 개혁을 모색하게 된 것이다. 이들은 토지 제도와 신분제의 개혁, 상공업 발전 등에 대한 구체적인 방안을 생각해냈다.

실학자들은 대부분 영조·정조 대에 등용되어 정치에 참여했다. 영조는 유형원의 『반계수록』을 사고(史庫)에 보관하게 했고, 『우서』를 쓴 유수원과 토론을 벌이기도 했다. 정조도 화성을 건설하면서 실학을 적극 반영했다. 특히 정약용은 정조가 각별히 아낀 신하였다. 그러나 부강한 나라를 만들겠다는 실학자들의 이상은 실현되지 못했다. 직업 차별, 농업 중심의 사회적 환경, 미비한 국제 무역, 폐쇄적 문화 등 현실에 여러 장애 요소가 있었기 때문이다.

» 25 «

제국주의와의 조우:
흥선대원군과 고종

19세기 중반에는 동아시아로 서양 세력이 들이닥쳤다. 선두에 선 나라는 전 세계에 수많은 식민지를 거느린 영국이었다. 영국은 1819년 싱가포르를 차지한 이래 세력을 확장하고 있었지만, 청나라와 무역하며 생기는 적자 문제로 골머리를 앓고 있었다. 홍차를 즐기는 영국인들의 수요에 맞춰 중국의 차를 대량 수입하느라 엄청난 은이 청나라로 빠져나간 것이다. 이 문제를 해결하기 위해 영국은 인도에서 재배한 아편을 청나라에 몰래 팔기 시작했다. 아편 중독자가 확산되자 청나라는 영국 상인의 아편 밀무역을 금지했고, 이에 맞서 영국 해군은 1840년 광저우를 봉쇄했다. 두 나라의 충돌은 아편 전쟁으로 이어졌다. 전쟁에서 패한 청은 난징 조약에 따라 주요 항구 다섯 곳을 개방했고 이 항구마다 영국 군함 한 척이 정박할 수 있게 되었다. 청은 다른 국가들과도 이와 비슷한 내용의 통상 조약을 체결했다.

섬나라 일본도 서양의 침략에 맞닥뜨렸다. 1854년 미국의 페리 제독이 함대를 이끌고 와 위협하자 일본은 미일 화친 조약을 체결했다. 이러한 서양의 침략으로 동아시아는 급격한 변화를 맞는다.

외부 위협에 더해 조선은 내부 문제로 휘청대고 있었다. 삼정 문란의 폐단은 고스란히 농민들에게 돌아갔다. 먹고살기도 빠듯한 형편에 수령과 향리들의 중간 수탈로 세금 부담은 더욱 커졌다. 농민들은 양반이 부담할 군포도 납부해야 했다. 춘궁기에 곡식을 빌려주었다가 나중에 갚는 환곡도 세금처럼 변질되었다. 농민들의 누적된 불만은 민란으로 표출되었다. 1862년의 임술민란은 전국 70~80여 개 군현에서 일어났다. 그렇게 들고일어난 농민들은 조세 수취 제도의 개선을 요구했다. 이러한 민란이 조선 왕조의 전복을 꾀하지는 않았다. 농민들은 정부에서 사태 해결을 위해 안핵사[*], 암행어사 등 관리를 파견하면 민란을 스스로 끝내거나 관리들에게 어려운 사정을 호소했다. 농민들이 수령을 구타하는 일도 거의 없었다. 수령은 지방에서 국왕을 대신하는 존재였기 때문이다.

그렇게 조선이 안팎으로 흔들리던 1863년, 철종이 왕위 계승자를 정하지 못한 채 사망했다. 이때 흥선군 이하응이 대왕대비 신정 왕후 조씨의 도움으로 자신의 열두 살 된 아들을 왕위에 앉혔으니,

---

• 일반적인 감찰을 행하는 어사와 달리 대개 민란이 일어났을 때 정부에서 임시로 파견했던 관리이다. 민란과 동학 농민 운동이 발생했던 철종·고종 때 가장 많이 파견되었다.

그가 바로 고종이다. 흥선군은 이제 '대원군'이 되었다. 대원군은 왕의 아버지에게 특별히 부여한 지위이다. 조선 왕조에서 살아 있을 때 대원군이 되어 실권을 쥔 사람은 흥선대원군이 유일하다. 그는 어린 고종을 대신해 정치를 주도하기 시작했다.

무엇보다 흥선대원군은 조선 왕조를 지탱하는 데 주력했다. 농민의 부담을 줄이기 위해 사창을 설치해 마을에서 공동으로 환곡을 운영하게 했고, 각 집(호戶)이 군포를 내는 호포제를 통해 양반들에게도 군포를 거두었다. 갖은 폐단을 일으키던 서원도 47개만 남겨놓고 모조리 철폐해 지방 양반들의 영향력을 약화시켰다. 그렇게 양반을 견제하는 한편 경복궁을 중건하여 왕권의 위엄을 되찾으려 했다. 하지만 경복궁 중건은 쉽지 않았다. 화재가 두 번이나 일어난 데다, 공사비 마련을 위해 거둔 원납전이란 이름의 강제 기부금도 원성을 자아냈다.

대외적으로 흥선대원군은 훗날 '쇄국'이라고 알려진 통상 수교 거부 정책을 실시했다. 러시아의 위협에 직면했기 때문이었다. 러시아는 제2차 아편 전쟁 이후 중재를 맡은 결과 1860년 연해주를 손에 넣어 조선과 국경이 맞닿았다. 조선은 프랑스 천주교 신부와 비밀리에 접촉하는 등 러시아의 침공에 대비했다. 그러나 정작 조선에 쳐들어온 나라는 프랑스와 미국이었다.

침략의 선봉에는 선교사들이 있었다. 19세기 동아시아에서 포교 활동을 하던 선교사들은 이중의 역할을 수행하고 있었다. 선교사들은 사전을 만들거나 번역하고 미션 스쿨을 설립하면서 서양의 지쇄국은 일본 에도 막부가 무역을 제한하고 관리하는 정책에 붙인 이름이었다. 이 말이 들어오기 전에 동아시아에서 쓰던 용어는 해금(海禁)이다. 바다를 통한 왕래와 교역을 금지한다는 뜻이다. 명나라가 왜구의 침입에 맞서 '해금'을 선포한 후 이 조치가 동아시아로 확대되었다. 흥선대원군은 이 질서를 그대로 유지하는 한편 신미양요의 과정에서도 외교 문서를 주고받는 등 협상의 통로를 열어놓고 있었다.

식을 아시아에 전해주었지만, '제국주의의 첨병' 역할도 했다. 선교사들은 본국에 아시아의 정보를 넘기거나 말썽을 일으켜 전쟁의 구실을 만들기도 했다. 이런 상황에서 흥선대원군은 자신이 천주교와 교섭한다는 소문이 나자 적극적으로 천주교를 탄압했다. 이를 빌미로 1866년 프랑스가 쳐들어오면서 병인양요가 일어났다.

프랑스군은 강화부를 점령했지만 조선군의 반격이 만만치 않자 은괴, 서적 등을 약탈하고 물러갔다. 이후 서양을 배척하는 분위기는 갈수록 심해졌다. 1868년에는 독일인 오페르트 일당이 흥선대원군의 아버지 남연군의 묘를 도굴하여 통상을 요구하려다가 발각된 사건까지 일어났다. 1871년에는 미국이 수호 조약 체결을 강요하며 강화도를 침입해 신미양요가 일어났다. 서양 세력이 무력을 앞세워 침입, 도굴을 서슴지 않자 흥선대원군의 의지는 더욱 단호해졌다. 흥선대원군은 "서양 오랑캐가 침입하는데 싸우지 않으면 화친하는 것이요, 화친을 주장하는 것은 나라를 팔아먹는 것이다"라는 내용의 척화비를 전국에 세웠다.

흥선대원군과 척화비

　이렇게 안팎의 도전에 맞섰지만 흥선대원군의 위세도 수그러들 때가 되었다. 양반들이 흥선대원군의 정책에 강한 불만을 드러냈고 경복궁 중건과 두 차례의 양요는 경제적 부담을 가중시켰다. 마침내 1873년 고종이 친정을 선포하면서 흥선대원군은 권력의 중심에서 물러난다. 그러나 흥선대원군은 이후에도 정치에 계속 등장한다.

　정치에 직접 나선 고종은 일본과의 관계를 재정립해야 했다. 일본도 조선과의 관계를 변화시키려고 했다. 1868년 메이지 유신으로 막부 체제를 무너뜨린 후 천황 중심의 황제 국가로서 관계를 맺으려 한 것이다. 그해 12월 쓰시마번이 조선에 보낸 외교 문서는 일본을 조선보다 높이는 용어를 사용해 논란이 되었다. 흥선대원군은 기존 규정에 맞지 않다며 외교 문서를 받아들이지 않았지만, 이 문서는 결국 고종에 의해 접수된다.

조선은 외교 문서의 형식을 따지며 일본을 무시할 형편이 아니었다. 일본은 군함 운요호를 보내 조선을 위협했고, 이에 맞선 조선의 포격을 빌미로 무력시위에 나섰다. 양국은 1876년 조일 수호 조규를 체결했다. 이른바 강화도 조약을 맺는 순간이었다. 조일 수호 조규는 일본이 조선의 연안을 자유롭게 측량하고, 개항장에서 일본인이 범죄를 저질렀을 경우 일본 관원이 심의하게 하는 등 일본에 전적으로 유리한 조약이었다.

일본은 조선뿐만 아니라 청과도 새로운 관계를 수립하고 있었다. 1871년 일본은 청과 대등한 입장에서 조약을 체결한 이후 오키나와를 병합하고 대만에 출병했다. 이제야 조선은 동아시아 정세 변화를 파악하러 나섰다. 1차 수신사 김기수, 2차 수신사 김홍집을 일본에 파견하고, 1881년 영선사˙ 김윤식을 청에 보내 무기 제조 기술을 배워 오게 했다. 김홍집은 『조선책략』이라는 책을 가져왔는데 그 내용은 조선이 러시아를 막기 위해서는 중국·일본·미국과 연결할 필요가 있다는 것이었다. 조선은 통리기무아문을 설치해 개혁의 중심 기구로 삼았고 1882년 4월에는 조미 수호 통상 조약을 체결했다. 조선이 서양 국가와 최초로 조약을 체결한 것인데, "다른 나라에게 허가한 권리는 자동으로 미국에도 똑같이 주어진다"는 최혜국

• 중국(청나라)의 선진 문물을 배우기 위해 파견된 사절단

대우가 명시되었다. 조미 수호 통상 조약에는 이처럼 조선에 불리한 내용이 담겨 있었지만, 조선의 관세 자주권을 존중하고 한 나라가 제3국의 압박을 받을 경우 서로 돕고 조정한다는 내용도 포함되어 있었다.

» 26 «

임오군란과 갑신정변

서양 무기의 위력을 체감한 동아시아 국가들은 하루빨리 군대를 서구식으로 개혁하려 했다. 조선도 1881년 신식 군대 별기군을 창설했다. 별기군은 일본에서 들여온 최신 소총으로 무장했고, 일본 공사관 소속 육군 공병 소위 호리모토 레이조가 교관을 맡았다.

별기군이 창설되고 불과 1년 만인 1882년 구식 군인들이 임오군란을 일으켰다. 구식 군인들은 별기군이 신설되고 나서 찬밥 신세로 전락했다. 이들의 급료는 13개월이나 밀려 있었고 오랜만에 받은 쌀에는 겨와 모래가 섞여 있었다. 분노한 군인들은 관리들에게 억울함을 호소했고, 이를 들어주지 않자 급료 지급을 담당하던 민겸호의 집을 습격했다. 다음으로 군인들은 흥선대원군을 찾아갔다. 흥선대원군과 어떤 대화가 오갔는지는 알려지지 않았지만 이후 군인들은 조직적으로 움직였다.

군인들은 무기를 탈취하고 체포된 동료들을 구출했다. 이들은 대부분 한성 근교에 거주하며 채소를 재배하거나 소매상, 토목 인부로 일하고 있었다. 군인이면서 도시 하층민이었던 것이다. 이들의 저항에 군인이 아닌 민간인도 대거 동참했다.

이들은 별기군 교관 호리모토와 일본인 유학생들을 죽이고 일본 공사관을 습격했다. 궁궐까지 들어가 민겸호와 고종의 정책에 동조했던 이들도 살해했다. 왕비도 죽이려 했지만 실패했다. 걷잡을 수 없이 임오군란이 확대되자 고종은 흥선대원군을 불러 사태 수습을 맡겼다. 흥선대원군은 통리기무아문을 폐지하는 등 고종의 정책을 전면적으로 부정하고 나섰다.

당시 영선사로 파견되어 있던 김윤식과 어윤중은 청나라에 군대 파병을 강력하게 요청했다. 이에 청군이 조선에 출병해 흥선대원군을 텐진으로 납치하고 임오군란을 진압했다. 일본도 군대를 파견했지만 적극적으로 활동하지는 못했다. 청군은 수적으로 일본군의 세 배에 가까웠고 임오군란을 일으킨 군인과 백성들이 일본에 적개심을 드러냈기 때문이다. 일본은 피해 배상과 조선에 거류하는 일본인 보호를 내세우며 조선과 교섭을 벌였다. 그 결과 체결된 제물포 조약에 따라 조선은 일본에 배상금을 지불하고, 일본군이 일본 공사관 경호를 위해 주둔하게 되었다.

청나라는 임오군란을 계기로 조선에 대한 종주권을 강화했다. 이는 조청 상민 수륙 무역 장정(1882)에 "조선은 오랫동안 번방(제후의 나라)이었다"라고 명문화되었다. 그동안 조선이 서구와 맺었던 조약에 '속방(종속된 나라)' 규정이 없었던 것과 대조되는 부분이다. 그 전까지 조선은 전통적인 조공-책봉 관계에 따라 중국에 사대하더라도 내정과 외교는 자율적으로 해나갔다. 그러나 청은 임오군란을 진압하고 나서도 군대를 주둔시켰고 마건상과 묄렌도르프를 고문으로 파견해 조선의 내정에 끼어들었다.

이렇게 청나라의 영향력이 확대되는 가운데, 조선의 부국강병을 위해 서양의 발달된 기술을 적극적으로 받아들이자는 상소가 계속 제기되었다. 이때 추진된 각종 개화 정책은 청의 영향력 아래 진행되었고, 민씨 일파가 개화 사업을 독점했다. 김옥균, 박영효 등 급진개화파는 민씨 일파가 청나라 방식으로 개화 정책을 추진하는 데 불만이 많았다. 그러나 이들은 민씨 일파의 위세에 점차 밀려났다. 한성부 판윤(현재의 서울특별시장) 자리에 있던 박영효는 4개월여 만에 광주부 유수로 좌천되었고, 재정난을 해소하기 위해 일본에서 외채를 끌어오려던 김옥균의 계획도 실패했다. 남은 선택지는 쿠데타에 의한 정권 장악밖에 없었다.

1884년 이들에게 절호의 기회가 찾아왔다. 프랑스와 청나라가 베트남을 서로 차지하려고 전쟁을 벌이자, 한성에 머물던 청군 1,500명이 철수한 것이다. 이 무렵 일본은 청나라를 제치고 조선에서 입지를 강화할 궁리에 골몰하고 있었다. 그러던 차에 김옥균 일파가 손을 내밀자, 주한 일본 공사는 급진개화파를 지원하겠다고 약속했다.

급진개화파는 1884년 10월 17일 저녁 7시 우정국의 개업을 축

갑신정변을 일으킨 사람들. 왼쪽부터 박영효, 서광범, 서재필, 김옥균

하하기 위한 만찬 자리에서 거사를 감행했다. 만찬이 끝날 무렵 "불이야!" 하는 소리가 들렸고 연회장은 아수라장이 되었다. 김옥균 등은 고종을 찾아가 "난리가 났으니 일본군을 요청해야 한다"고 이야기했다. 고종은 창덕궁에서 경우궁으로 거처를 옮겼고, 고종의 친필 칙서를 받은 일본군은 경우궁을 호위했다. 변란 소식을 들은 민씨 일파는 경우궁으로 갔으나 그들을 기다리고 있던 것은 갑신정변의 행동대원들이었다. 18일 새벽 민씨 일파의 대표적인 인물들이 처단되었다.

갑신정변을 주도한 사람들은 18일 아침, 인사를 단행했다. 개화파와 함께 왕실의 종친과 외척이 등용되었고 이 중에는 흥선대원군의 맏아들, 맏손자, 조카도 있었다. 19일에는 개혁 구상이 담긴 정령 14개조를 발표했다. 흥선대원군을 즉시 돌아오게 할 것, 문벌을 폐지해 인민 평등의 권리를 제정할 것 등의 내용이 담겼다.

그러나 갑신정변은 '3일 천하'로 막을 내렸다. 10월 19일 오전 10시경 청군 200명이 서울로 들어왔다는 소식이 전해졌다. 청군은 그날 오후 2시 30분에서 3시경 공격을 시작했다. 당시 무기를 분해, 닦고 있던 조선군은 맨손으로 도망쳤다. 갑신정변을 주도한 사람들은 저녁 7시 30분 일본 공사관으로 후퇴했다. 다음 날인 10월 20일 조선 민중은 일본 공사관에 돌을 던지고 방화를 시도했다. 일본군의 호위 아래 인천으로 향한 김옥균 등과 일본 공사는 조선 군인들과 민중의 격렬한 저항을 받았다. 10월 21일 새벽 7시경 인천의 일본 영사관에 도착한 갑신정변 주도 세력은 10월 23일 일본으로 떠났다.

갑신정변이 끝나고 조선은 일본과 한성 조약을 체결했다. 조선은 일본에 사과의 뜻을 밝히고 공사관의 신축 비용을 부담해야 했으며 일본인이 입은 피해를 보상해야 했다. 갑신정변에 일본이 관여한 문제는 조약에서 빠져 있었다. 청과 일본은 톈진 조약(1885)을 체결해 양군을 조선에서 철수시키고 다시 파병할 경우 서로에게 알리기로 약속했다.

톈진 조약으로 조선에 주둔한 외국 군대는 모두 철수했다. 그러나 조선에 대한 외국의 개입은 강화되었다. 청은 김윤식 등 친청파를 권력의 핵심에 배치했다. 고종이 이를 견제하기 위해 러시아를 끌어들이려고 하자 청은 흥선대원군을 귀국시켰다. 러시아와 대립하고 있던 영국은 1885년 4월 15일 거문도를 무력으로 점거했다. 이러한 배경 속에서 조선의 중립화가 논의되기도 했다.

동아시아의 지각 변동:
동학, 청일 전쟁, 갑오개혁

나라 안팎으로 닥친 혼란 속에 조선 백성들은 의지할 대상을 간절히 찾았다. 나라님(국왕)이 난국을 타개해주길 기대하는 사람들도 있었을 것이다. 종교적인 믿음에 귀의하는 이들도 있었다. 그러한 가운데 널리 퍼진 『정감록』은 진인 정씨가 나타나 새로운 왕조를 세우고 백성들을 구제한다는 내용을 담고 있었다. 이 책은 다가올 종말에 대처하는 예언서가 아닌, 바로 지금 닥친 고통에서 해방시켜줄 복음서로서 전승되었다.

1860년 최제우가 창건한 동학에도 새로운 세상에 대한 염원이 담겨 있었다. 누구든 선약을 먹고 주문을 외우면 진인이 될 수 있으며 장차 지상천국이 출현할 것이라는 예언이었다. '동학'은 최제우가 서학(천주교)에 대항한다는 뜻에서 붙인 이름이다. 최제우는 조선 왕조와 유교 윤리를 부정하지 않았지만 1864년 '백성을 홀렸다'는 죄명으로 처형되었다.

교주의 처형에도 동학의 기세는 꺾이지 않았다. 동학 교단은 최제우의 누명을 벗겨 원한을 풀고 동학을 합법화하기 위해 신원(伸冤) 운동을 전개했다. 1892년 말 동학교도들은 공주와 삼례에서 집회를 가졌지만 "조정에서 결정한 일이므로 바꿀 수 없다"는 답변밖에 듣지 못했다. 다음 해 3월에는 80명이 3일 동안 경복궁 광화문 앞에서 통곡하며 호소했다. 일부 동학교도는 일본과 서양을 배척한다는 대자보를 각국 공사관, 교회당, 외국인 학교 등에 붙였다. 교단 지도부 중심의 합법적 상소 운동에 만족하지 못했던 전봉준 등이 주도한 움직임이었다. 동학 교단은 4월과 5월 보은과 금구에서 다시 집회를 열었다. 2대 교주 최시형이 주도한 보은 집회는 정부에 타협적이었다. 반면 전봉준, 손화중 등이 이끈 금구 집회에서는 정부를 강하게 비판하는 목소리가 쏟아져 나왔다.

1894년 전봉준은 고부에서 직접 행동에 나섰다. 당시 고부 군수 조병갑은 세금을 가혹하게 거두는 등 농민을 괴롭혀 원성이 자자했다. 전봉준은 농민들을 이끌고 관아를 습격해 조병갑을 내쫓았고 죄인들을 석방시켰으며 식량을 사람들에게 나누어주었다. 고부 봉기는 신임 군수로 부임한 박원명이 농민들을 달래고자 노력하면서 잠잠해지는 듯했다. 그러나 고부의 안핵사로 임명된 이용태가 사태를 악화시켰다. 이용태는 박원명의 노력을 꾸짖었고 봉기 주도자들을 색출하려고 했다. 그는 봉기와 무관한 동학교도들까지 잡아들이라고 명령했다. 전봉준은 이용태와 전라 감사에게 사정을 호소했지만

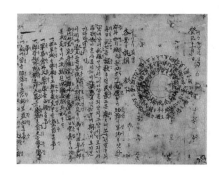
1893년 11월 전봉준을 비롯한 동학농민군 간부들이 작성한 사발통문. 주모자가 드러나지 않도록 사발을 엎어놓고 그 테두리 밖에 참가자들의 이름을 적었다.

답변을 듣지 못했다.

전봉준은 다른 지역의 지도자들과 연락하여 농민군을 재조직했다. 농민군은 이용태를 쫓아냈고 전봉준을 대장으로 선출했다. 농민군은 다음과 같은 4대 행동 강령을 발표했다. ① 사람을 죽이거나 상처 입히지 않고 재물을 파괴하지 않는다. ② 충효를 다하여 세상을 구제하고 백성을 편안하게 한다. ③ 왜이(倭夷, 일본 오랑캐)를 쫓아내 성도(聖道, 임금의 정치)를 바르게 한다. ④ 군사를 몰고 수도로 들어가 권귀(權貴, 민씨 정권)를 모두 멸한다.

죽창, 활, 화승총 등으로 무장한 농민군은 관군을 여러 차례 격파했고 전주에 무혈입성했다. 농민군의 기세에 놀란 정부는 청에 파병을 요청했다. 조선 출병의 구실을 찾던 일본 정부는 공사관과 일본인을 보호한다는 명분을 내세우며, 파병할 경우 서로에게 알린다고 규정한 톈진 조약을 파병의 근거로 삼았다. 이렇게 해서 조선에 청군 2,800명과 일본군 8,000명이 주둔하게 되었다. 청일 양군이 조선에 들어오자 농민군과 관군은 화약을 맺고 휴전 상태에 들어갔다.

화약 이후 일본은 청을 계속 자극하는 한편, 조선 정부에게 청에 종속된 관계를 끝내고 청군의 철병을 요청하라고 위협했다. 급기야 일본군은 왕궁 수비대와 총격전을 벌이며 경복궁을 점령했다. 일본의 다음 단계는 청과의 전쟁이었다.

청일 전쟁이 임박한 가운데 일본의 경복궁 점령으로 정권을 장악한 흥선대원군은 농민군에게 밀사를 보냈다. 청군과 합세하여 일본군을 몰아내라는 내용이었다. 국왕의 밀지도 전봉준에게 도착했는데 당시 주한 일본 공사관 기록에 따르면 이는 흥선대원군이 조작한 것이었다. 밀지의 내용은 "왜구가 침범하여 화가 국가에 미치었으니 너희들이 오지 않으면 화와 근심을 어떻게 하랴. 이로써 교시하노라"는 것이었다. 전봉준은 곧바로 움직이지 않았다. 가을 추수가 다가와 있었고 사태가 어떤 방향으로 흘러갈지 알 수 없었다.

한편 김홍집을 필두로 한 개화파 세력은 갑오개혁을 실시했다. 그 내용은 신분제와 과거제 폐지, 조혼 금지, 연좌법 폐지 등이었다. 갑오개혁은 개화파의 구상을 어느 정도 반영하고 있었지만 일본의 정치·군사적 간섭은 더욱 강화되었다. 개화파 세력은 권력의 수립과 개혁을 위해 일본에 의존할 수밖에 없었다. 이 때문에 당시 민중은 개화파 관료들이 일본을 끼고 왕을 위협하면서 반민족적인 행동을 일삼는다고 인식하고 있었다. 게다가 개화파는 상업 발달을 도모한다는 구상을 하면서도 외세 침탈에 대한 대책은 세우지 않았다.

그동안 농민군은 각지에서 자치를 시행했다. 농민군의 자치 기구로 주목받아온 집강소는 주로 치안 유지를 담당했다. 농민군의 자치 기구는 따로 있었다. 농민군은 도소(都所)라는 기구를 설치, 각종 소송을 처리하는 등 자치 활동을 전개했다. 빈농, 천민, 무산자 등이 자치 활동을 주도했다. 부농과 소농의 대부분이 농번기를 앞두고 귀향했기 때문이다.

일본의 노골적인 침략이 지속되자 농민군은 다시 봉기했다. 농민군의 목표는 반(反)민씨 정권에서 반일(反日)로 바뀌었다. 목표가 바뀌자 전봉준은 보수 유생, 관료 등과의 연합을 구상하기도 했다. 그러나 정부는 농민군 토벌에 나섰다. 일본의 압력이 있었고 정부의 권력 기반도 불확실했기 때문이다. 농민군은 신식 무기로 무장한 일본군과 정부군에 맞서 싸웠다. 일본군은 농민군이 다시 일어나는 후환을 없애기 위해 잔혹한 진압 계획을 세웠고, 이 과정에서 많은 농민군이 학살당했다. 정확한 숫자를 추정하기는 어렵지만 적게는 3만 많게는 40만의 농민군이 희생당했다. 전봉준을 비롯한 지도자들은 참형에 처해졌다.

일본군은 농민군과 싸움을 벌이는 동시에 청과의 전쟁도 전개했다. 전쟁에서 승리한 일본은 청과 시모노세키 조약을 체결했다. 일본은 조선의 '독립'을 청으로부터 확인받았고 랴오둥반도, 대만, 평후 열도를 할양받았다. 이 중 랴오둥반도는 청에 다시 돌려줘야 했다. 러시아, 프랑스, 독일이 일본의 세력 팽창을 우려했기 때문이다. 이른바 삼국 간섭이었다. 조선의 주도권을 두고 다투던 청일 간의 대립은 이제 서구 열강, 그중에서도 러시아의 영향력으로 또 다른 국면에 돌입한다.

» 28 «

러시아와 일본 사이에서

러시아의 힘을 확인한 고종은 러시아에 접근하기 시작했다. 일본은 목포를 비롯한 새로운 항구에 배타적 권리를 확보할 작정이었다. 그러나 1895년 러시아, 독일, 영국, 프랑스, 미국의 대표는 외부대신 김윤식에게 '최혜국 균점'의 원칙을 강조, 일본을 저지했다. 주 조선 러시아 공사 베베르는 조선 국왕과 내각 사이의 대립에서 국왕을 지원하는 한편 조선 문제에 끼어들려 했다.

위기감을 느낀 일본은 러시아와 조선의 연결을 차단하고자 했다. 일본의 선택은 조선의 왕후 민비•를 시해하는 만행이었다. 영국이 일본을 지지하는 상황에서 러시아가 군사적 행동을 보이기는 쉽

• 조선 시대의 왕비는 '왕후'라고 하며 '인현왕후 민씨'처럼 뒤에 성을 붙이기도 한다. 살아 있을 당시 고종의 왕비는 대개 민비로 불린다. 고종이 황제로 즉위하면서 민비는 '명성'이라는 시호와 함께 '황후'로 격상되었다.

지 않았다. 1895년 9월 부임한 퇴역 육군 중장 미우라 고로 일본 공사가 계획을 구체화했다. 그의 명령에 따라 10월 8일 일본군과 영사관 경찰, 낭인들이 왕궁을 습격해 민비를 살해하고 사체를 불태웠다. 을미사변이 일어난 것이다.

이후 일본의 강압으로 김홍집 내각에 친일파 관료가 다수 등용되었다. 김홍집 내각은 태양력 채용, 종두법 시행, '건양'이라는 연호 사용, 단발령 공포와 같은 정책을 실시했다. 상투를 자르는 단발령에 반대하는 상소가 빗발쳤고 전국 각지에서 의병이 일어났다. 이러한 상황에서 고종은 러시아 공사관으로 거처를 옮겼다. 아관 파천(1896)을 단행한 것이다. 고종과 러시아 공사 베베르가 교감한 결과였다. 고종은 "생명의 위협을 느끼고 있으니 베베르에게 전권을 주어 군사력으로" 자신을 보호해줄 것을 부탁했고, 러시아 공사관으로의 피신을 문의하기도 했다. 마침 베베르도 외교적 방법만으로는 일본의 기세를 꺾을 수 없다고 생각하던 참이었다.

아관 파천으로 개화파 정권은 무너졌다. 김홍집, 정병하, 어윤중은 군중에게 살해당했고 유길준, 조희연 등은 일본으로 망명했다. 아관 파천을 주도한 이들은 개화파 관료들의 일부로서 미국·러시아를 중심으로 한 구미 세력과 왕실을 연계하던 정동 구락부*세력이었다. 이완용, 안경수 등이 대표적인 인물이었다. 고종은 1년

• 1895년경 서울 정동에서 개화파 정치인들과 서구 외교관들이 사교와 친목 도모를 내세우며 만든 모임.

남짓 러시아 공사관에서 지내다가 1897년 2월 경운궁(덕수궁)으로 돌아왔다.

고종의 환궁을 요구한 여론의 중심에는 독립협회가 있었다. 원래 독립협회는 1896년 2월 창립한 단체로, 중국 사신을 맞이하던 영은문을 헐고 그 자리에 독립문을 세웠다. 여기서 알 수 있듯이 독립협회가 내세운 독립은 청으로부터의 독립이었다. 독립협회는 점점 영향력이 확대되는 러시아도 적극 견제했다. 그 일환으로 고종 환궁을 강력히 요구했다.

독립협회의 성격을 바꿔간 인물은 윤치호였다. 그는 독립협회에 적극적으로 참여하여 계몽운동 단체로 바꾸고자 했다. 그 결과 고위 관료들의 사교장 역할을 하던 독립관은 독립협회의 토론장으로 탈바꿈하여 매주 1회 토론회를 개최하게 되었다. 공개 토론은 정부 요인이 출석한 가운데 정치, 사회 전반에 대해 참가자들과 자유롭게 토의하는 형식으로 전개되었다.

동아시아의 국제 정세 변화는 독립협회의 성격을 또 한 번 바꾸었다. 베베르의 후임으로 주 조선 러시아 공사에 임명된 스페이어는 러시아가 조선에 적극 개입해야 한다고 생각하고 있었다. 러시아의 재무 장관 비테는 스페이어를 통해 재정 고문 파견, 한러은행 설립, 절영도 석탄 기지 설치 등을 조선에 요구했다. 이에 영국은 극동 함대를 제물포에 정박시켜 무력시위를 벌였고 일본은 대한해협을 봉쇄하고 러시아 함대의 동향을 감시했다. 열강 사이의 세력 균형을 바탕으로 한 중립 국가를 구상했던 독립협회는 러시아의 정책에 적

조선의 제26대 왕이자 대한제국의 제
1대 황제, 고종

극 반대했다. 독립협회는 러시아의 동맹국 프랑스를 유독 경계했던 반면 다른 열강에 대한 태도는 달랐다. 미국이 침탈한 한성 전차 전신 부설권, 영국이 가져간 금광 채굴권에 대해서는 아무런 비판이 없었던 것이다.

러시아 공사관에서 돌아온 고종은 연호를 광무로, 국호를 대한제국으로 고치고 황제 즉위식을 거행했다. 이 시기 독립협회에는 두 가지 운동의 흐름이 섞여 있었다. 윤치호를 중심으로 한 세력은 황제권과 협력하여 정치 구조를 재편하고자 했다. 박영효, 안경수를 중심으로 한 세력은 현재의 정부를 타도하고 새로운 권력을 세우고자 했다. 이 중 독립협회를 주도한 세력은 기존 권력을 인정하고 개혁을 추진하려던 전자였다. 이에 박영효, 안경수 등은 폭력 운동을 통해 자신들의 의지를 관철하고자 했다. 그러나 황제권을 위협하는 세력에 단호했던 고종은 무력을 동원해 만민공동회*를 해산했다.

• 1898년 열강의 이권 침탈에 대항해 자주 독립의 수호와 자유 민권의 신장을 위해 시민단체 회원, 정부 관료 등이 참여한 대중 집회이다. 독립협회가 러시아의 국권 침탈 시도를 막기 위해 조직했지만 점차 민중의 자발적인 운동으로 발전해갔다. 만민공동회는 '헌의6조' 등 독립협회가 제기한 다양한 정치적 의견들을 실제 정치 현장에서 공동의 의사로 관철하고자 했다.

고종이 황제로서 하늘에 제사 지내기 위해 조성한 환구단. 조선총독부가 허물고 호텔을 지었다. 지금은 황궁우와 석고(돌 북)만 남아 있다.

    독립협회가 해산된 후 광무정권은 '대한국 국제'를 발표하고 군주 중심의 정책을 추진했다. 대한국 국제에 따라 황제는 군 통수권, 입법권, 행정권 등 모든 권력을 가졌다. 그렇게 황제권을 크게 강화하면서 고종은 황제와 정부를 견제할 수 있는 중추원을 무력화했다. 그 전까지 중추원 회의를 주도한 이들은 독립협회 회원들이었다. 또 광무개혁은 황실 재정을 확장했다. 갑오개혁 이후 탁지부는 정부 재정을, 궁내부는 왕실 재정을 맡고 있었다. 궁내부에는 왕의 개인 자금을 담당하는 내장원이 설치되었다. 광무개혁으로 내장원의 독자적 징세 권한은 점차 강화되었고, 내장원은 역토, 둔토 등의 공전 관리도 도맡았다. 1905년 조사에 따르면 이전 해인 1904년 궁내부의 실수입액은 국가 실수입액의 약 44%에 달했다. 황실 재정은 늘어나고 정부 재정은 빈약해진 결과 1890년대 말 전국적으로 많은 민란이 일어났다.

러시아와 일본의 충돌을 막기 위한 방법으로는 조선의 중립화 정책이 논의되었다. 대한제국은 일본과 국방 동맹을 체결하되 제3국과의 동맹 체결도 용인한다는 다자 관계를 주장했는데 일본은 받아들이지 않았다. 러시아와 일본도 한반도 중립화를 논의했는데 진전되지 못했다. 그 귀결은 러일 전쟁이었다.

» 29 «

러일 전쟁부터 한일 병합까지

1900년 전후 중국에서는 의화단 사건이 일어났다. 의화단은 의화권이라는 무술을 수련하던 사람들이었다. 이들이 청을 도와 서양을 멸한다는 '부청멸양(扶淸滅洋)'을 구호로 내세우며 운동을 일으킨 것이다. 의화단 사건이 확산되자 영국, 미국, 프랑스, 독일, 러시아, 일본 등은 연합군을 편성, 톈진과 베이징에 쳐들어갔다. 의화단 사건이 만주 지역까지 확산되자 러시아군 17만여 명이 만주 전체를 장악했다.

당시 고종은 대한제국의 중립화를 내세웠고 러시아도 이를 지지했지만 일본의 반대에 부딪혔다. 주청 공사 고무라 주타로는 한반도를 러시아의 만주 지배를 견제할 거점으로 생각하고 있었다. 일본 외상은 고무라의 의견을 듣고 대한제국 중립화에 반대했다. 그 후 고무라가 일본 외상에 임명되었고, 영국이 일본에 접근하며 영일 동맹이 체결되었다. 영일 동맹 이후에도 러일 교섭은 계속되었지만 일본은 러시아와의 일전을 각오했다.

일본은 자신들이 '한국의 보전과 존망'을 중요시해왔지만 러시아의 행동으로 '한국의 안전'이 위급해졌다며 1904년 2월 10일 러시아에 선전포고했다. 인천에 상륙한 일본군은 대한제국 정부에 한일 의정서 체결을 강요했다. 한일 의정서로 일본은 군사 전략상 필요한 지점을 마음대로 사용할 수 있게 되었다. 일본은 한일 의정서를 통해 대한제국이 러일 전쟁에 협력할 것을 강요했다.

이 시기 대한제국의 정치 세력들은 각기 다른 정세 판단과 대응을 보여주었다. 러시아에 기대를 거는가 하면 한일 군사 동맹을 주장하는 이들도 있었다. 고종과의 관계, 외국 공사관과의 개인적인 이해관계 등이 이들의 선택에 영향을 주었다. 러일 전쟁을 황색 인종을 멸절(滅絕)시키는 전쟁으로 파악하고, 황색 인종의 나라인 동양 3국이 단결해야 된다고 주장하는 사람들도 있었다.

일본 해군은 한일 의정서를 빌미로 동해안의 울릉도 등지에 망루와 해저 전선을 설치했다. 일본은 독도에도 망루를 설치하기 위해 군함을 파견했다. 1905년 1월 10일 내무성은 독도를 다케시마(竹島)로 명명하면서 일본 영토로 편입할 것을 내각에 요청했고, 1월 28일 내각은 이를 승인했다. 2월 22일 시마네현은 고시 40호로 은밀하게 독도를 일본 영토에 편입시켰다.

러일 전쟁에서 승기를 잡은 일본은 재빨리 외교전을 펼쳤다. 그 결과 일본은 러시아와의 강화 회담에 앞서 미국과 '가쓰라-태프트 밀약'을, 영국과 '제2차 영일 동맹'을 체결했다. 가쓰라-태프트 밀약에서 일본은 미국의 필리핀 지배를 인정하고, 자신들이 필리핀을 침략할 의도가 없음을 밝혔다. 그 대가로 미국은 일본의 한국 지배를 인정해주었다. 영국도 제2차 영일 동맹에서 일본이 한국에서 정치·군사·경제상의 특별한 이익을 가지고 있으므로, 일본이 이 이익을 위한 지도, 관리 감독, 보호 조치를 한국에서 취할 권리를 승인했다. 이후 포츠머스 조약에서 러시아는 한국에 대한 일본의 권리를 인정하고 뤼순·다롄 등의 조차권, 남만주 철도에 관한 권리, 사할린 남부의 주권을 일본에 넘겼다.

러일 전쟁 전후로 일본은 대한제국을 보호국으로 만들기 위한 정책을 계속 추진했다. 1904년 8월 일본은 제1차 한일 협약을 체결하여 자신들이 추천한 고문들이 대한제국의 재정과 외교 등을 통제하게 했다. 또 전쟁 방해에 대응하기 위한 군율을 시행하여 군용 전선이나 철도를 훼손하는 자, 혹은 그 행위자를 숨겨준 자, 일본군의 업무를 방해하거나 지시를 거부하는 자 등을 처벌하였다. 이러한 군율은 1910년대 실시된 무단 정치의 원형이었다.

포츠머스 조약 체결 이후 일본은 이토 히로부미를 조선에 파견했다. 이토 히로부미는 4,000명에 달하는 점령군의 압력으로 제2차 한일 협약, 즉 을사조약(1905)을 체결했다. 강제로 체결한 을사늑약이었다. 이 조약으로 일본은 한국의 외교권을 박탈했고 이를 대신해 통감부를 설치했다. 초대 통감은 이토 히로부미였다.

이 소식이 알려지자 한성에서는 반대 상소와 자결하는 사건이

1907년 영국의 신문 기자가 양평에서 촬영한 한국의 의병들.

이어졌다. 최익현, 신돌석, 민종식 등을 중심으로 전국 각지에서 의병도 일어났다. 신민회라는 비밀 결사 단체도 만들어졌다. 안창호가 주도한 신민회는 오산학교, 대성학교, 태극서관 등을 설립하여 인재를 통한 실력 양성을 모색했다.

이 시기 전개된 대표적인 민족운동은 국채 보상 운동이었다. 이 운동은 대구에서 시작되었는데 국채 1천 3백만 원을 갚아 일본의 경제 침탈을 막고자 했다. 운동이 확산되자 통감부는 국채보상기성회 총무인 양기탁을 국채 보상금 횡령 혐의로 체포했다. 양기탁은 무죄로 풀려났으나 그가 관여한 「대한매일신보」는 이후 총독부 기관지로 전락했다.

고종은 네덜란드 헤이그에서 열린 제2회 만국 평화 회의에 이상설, 이준, 이위종을 밀사로 파견했다. 이들은 을사조약의 무효와 대한제국의 독립을 호소하려 했지만 회의에 참석하지 못했다. 이토 히로부미는 이들의 활동을 문제 삼아 고종이 퇴위하도록 협박했다. 고종은 결국 황제 자리에서 물러났고, 이 소식을 들은 한성 주민들은 이완용의 집을 불태웠다. 일본은 고종의 퇴위에 그치지 않고 대한제국과 정미 7조약(1907)을 체결했다. 이로써 통감부는 대한제국의 인사권을 완전히 장악했고 대한제국의 군대는 해산되었다. 군대 해산으로 의병의 규모가 크게 늘어났다. 1907년 12월 이인영을 총대장으로 한 13도 연합 의병의 수는 1만 명에 달했다.

1909년 10월 26일 오전 9시 반 무렵 하얼빈 역에서 여러 발의 총성이 울렸다. 안중근 의사가 이토 히로부미를 저격한 것이다. 안중근은 체포되며 러시아어로 '대한 만세'라고 외쳤다. 재판정에서 안중근은 참모중장의 자격으로 이토를 사살했다고 주장했다. 재판정의 재판관, 방청객, 변호사 모두 일본인이었다. 1910년 3월 26일 안중근은 뤼순감옥에서 순국했다.

1910년 5월 30일 한국 병합을 실행하기 위해 데라우치 마사타케 육군상은 한국 통감을 겸임하라는 명령을 받았다. 데라우치는 병합 조약 체결을 요구했고 8월 22일 체결되었다. 조약 제1조는 "한국 황제 폐하는 한국 정부에 관한 모든 통치권을 완전하고도 영구히 일본 황제에게 양여한다"는 것이었다.

30

3·1 운동과 임시정부의 수립

일제는 1910년 한국을 병합한 후 동화 정책을 실시한다고 발표했다. 동화란 본국의 통제 아래 식민지에도 본국과 같은 행정 조직을 만들고, 식민지 주민들은 본국과 같은 권리, 의무를 지니며 식민지의 문화는 본국의 문화로 대체한다는 것이다. 하지만 그 속에는 차별과 예속이 있었다. 조선인은 결코 일본인과 동등할 수 없었다.

조선 총독은 천황의 대리자로 입법, 사법, 행정의 권한을 모두 갖는 막강한 권력을 부여받았다. 육해군 대장에서 선임된 총독이 조선에 군림했다. 헌병 경찰로 대표되는 군사력이 총독의 권력을 뒷받침했다. 헌병 경찰은 정보 수집, 납세 독려, 법령 보급, 위생 등 광범위한 업무를 담당했으며 가벼운 죄의 경우 즉결 재판을 수행할 수 있었다.

일제는 정치, 언론, 종교, 교육 등에서도 강압적인 정책을 실시했다. 보안법, 신문지법, 출판법에 따라 집회나 정치 활동, 신문과 잡지의 발행이 상당히 제한되었다. 신도(일본의 민족 종교), 불교, 기독교를 제외한 종교에 대해서는 '유사 종교'라 부르며 차별했다. 사립학교와 서당에서 이루어지는 민족 교육, 반일 교육도 탄압했다. 그 대신 '충량한 국민'을 육성하겠다며 총독부가 편찬하거나 검정한 교과서를 강제로 사용하게 했다. 조선인은 국적을 바꾸어 일제로부터 벗어날 수도 없었다. 조선인이 제3국으로 귀화하는 것을 일제가 금지했기 때문이다.

이러한 무단 통치 아래에서도 간도, 연해주, 베이징, 상하이, 하와이 등에서는 조국을 떠나온 사람들이 힘을 모아 단체를 만들고 학교를 설립하며 독립운동을 모색했다. 1918년 초 미국 대통령 우드로 윌슨은 '민족자결주의'로 알려진 14개조의 평화 원칙을 발표한다. 이 발표에 세계 곳곳의 식민지 사람들이 희망을 품었고 유럽에서는 폴란드, 체코슬로바키아, 헝가리가 독립 승인을 받았다. 제1차 세계대전이 막을 내리자 한국의 독립운동 세력은 파리 강화 회의에 대표를 파견했지만 무시당했다. 일본에서는 이광수 등 유학생을 중심으로 독립선언서를 발표했다.

국내에서는 종교계와 학생들이 독립운동을 계획했다. 1919년 1월 손병희, 권동진, 오세창, 최린은 3·1 운동의 행동 강령이라 할 수 있는 대중화 - 일원화 - 비폭력화의 3대 원칙을 수립했다. 천도교는 이승훈을 매개로 기독교와의 합작을 시도했고 민족 대표 33인과 거사일 등을 결정했다. YMCA 간사 박희도, 연희전문학교 학생 김원벽 등은 학생들의 모임과 종교계의 연계를 주도했다.

1919년 1월 22일 고종의 갑작스러운 죽음은 3·1 운동의 기폭제가 되었다. 총독부는 고종의 사인을 뇌출혈로 밝혔지만 고종이 독살당했다는 소문이 떠돌았다. 국장이 치러진 서울로 전국에서 대략 20만 명이 상경했다. 지방에서는 상복을 갖춰 입거나 심지어는 순사(殉死), 즉 따라 죽는 노인들도 있었다.

2월 28일 박희도, 최린, 손병희 등은 독립선언문을 낭독할 장소를 탑골공원에서 태화관으로 변경했다. 학생과 경찰의 충돌을 우려했기 때문이었다. 3월 1일 오후 2시 태화관에 모인 민족 대표는 독립선언문을 배포하고 종로경찰서에 한 장을 보냈다. 헌병과 경찰이 출동하자 한용운의 제안으로 민족대표는 만세 삼창을 하고 연행되었다. 같은 시간 탑골공원에 모인 시위대는 독립선언서를 낭독하고 만세 삼창을 한 후 3개조로 나누어 시내를 행진했다. 오후 7시경에야 진정된 시위는 3월 5일 다시 시작되었다. 서울에서 만세 운동에 참여했던 학생들은 각자 고향으로 돌아가 만세 운동을 전국으로 퍼뜨렸다.

3·1 운동은 전국 각지와 국외로 확산되었는데 여기에 참여한 사람들의 생각은 다양했다. 혁명을 꿈꾼 이들도 있었고, 이미 조선이 독립했다고 여기는 이들도 있었다. 지역에 따라 만세 운동은 무력 충돌로 이어지기도 했다. 대표적으로 1919년 3월 말 경기도 수원 지역(오늘날 화성시)의 시위는 조직화, 폭력화되었다. 4월 시위대의 공격으로 화수리 주재소가 불타고 일본인 순사가 죽자, 이튿날 일본

군이 출동해 불을 지르고 조선인들을 죽였다. 4월 15일 400여 명이 다시 시위를 벌이자 일본 군경은 제암리에 있는 교회에 조선인들을 몰아넣고 학살했다.

3·1 운동에 참여한 수백만 명은 자유와 해방을 위해 집단적으로 행동했다. 이렇게 분출된 열망과 의지를 한곳으로 모아, 체계적이고 조직적인 독립운동으로 발전시킬 필요가 있었다. 이 때문에 국내와 상하이 등에서 '임시정부' 조직 논의가 활발했다. 각각의 통합 노력에 힘입어 임시정부는 대통령 이승만, 국무총리 이동휘, 내무총장 이동녕, 외무총장 박용만, 노동국 총판 안창호, 경무국장 김구 등의 인사를 확정지었다. 여러 정파로 구성된 임시정부는 우여곡절을 겪으면서도 1945년 해방까지 활동을 이어갔다. 임시정부는 국민 주권, 삼권 분립, 대의 민주주의에 기초한 민주 공화제를 표방했다. 이러한 임시정부의 법통은 면면히 이어져 1987년 6월 항쟁 이후 대한민국 헌법에 다음과 같이 명시되었다. "3·1 운동으로 건립된 대한민국 임시정부의 법통을 계승한다."

31

독립운동의 다양한 양상

3·1 운동으로 분출된 열망 속에 사회주의가 급격하게 퍼져나갔다. 『허생전』, 『홍길동전』, 『정감록』 등에서 알 수 있듯이 한국인들은 이 상 사회를 오래도록 염원했다. 사회주의는 지배 계급의 억압과 착취 속에 꿈꾸던 평등, 해방의 구체적 표현이었다. 일본과 러시아로 유학, 이주한 지식인들은 사회주의 사상과 경험을 국내로 들여왔다. 러시아 혁명 이후 식민지 민족 지원을 표방한 소련도 사회주의 확산을 부추겼다.

3·1 운동기 독립운동은 세계의 여론과 동정에 호소함으로써 한국의 독립을 꾀한다는 '외교론'이 주류였다. 이들은 미국에 특히 기대를 걸었고 국제 질서가 재편되는 과정에서 미국과 일본 사이의 갈등이 커지는 시기를 기회로 보았다. 실제로 러일 전쟁 이후 미국과 일본은 만주를 둘러싸고 대립했고 1910년대에는 미국 본토에서

일본인 이민을 배척하며 미일전쟁설이 유포되었다. 그러나 3·1 운동 직후 미국 국무장관은 한국 문제가 제1차 세계대전과 관련한 문제가 아니라고 선을 그었고, 국무성은 3·1 운동에 대해 일본의 내정 문제이므로 간섭하지 않는다는 태도를 보였다. 독립운동 세력은 한국 대표를 파견했지만 베르사유 강화 회의, 국제연맹 회의, 워싱턴 회의는 한국에 대해 침묵했고 일본의 기득권을 인정했다. 독립운동가들은 러시아의 극동 피압박 민족 대회로 눈을 돌렸다. 이 대회에는 김규식, 여운형뿐만 아니라 현순, 손정도와 같은 목사들도 다수 참여했다. 조선 대표단장으로 참석한 김규식은 "하나의 불씨, 세계 제국주의, 자본주의 체제를 재로 만들어버릴 불씨를 얻고자 기대한다"고 연설해 박수갈채를 받았다.

여러 국제회의에서 아무 성과가 없자 외교론은 쇠퇴하고 실력양성론과 독립전쟁론이 대두했다. 실력양성론자들은 자주·자립의 실력 양성만이 한국의 독립을 보장한다고 파악했다. 안창호, 이광수 등이 적극 주장한 이 운동론은 대다수 민족주의자들의 지지를 얻었다. 실력양성론은 외교론에 기대를 걸었다가 실망한 한국인 대중에게 실현 가능한 대안으로 받아들여졌다. 하지만 한국의 독립을 기약 없는 먼 장래에나 실현될 것으로 보았다는 데 약점이 있었다. 반면 초창기 한국인 사회주의자들은 독립전쟁론을 열렬히 주장했다. 세계 혁명 운동의 일환으로서 한국 독립 전쟁이 수행되어야 한다는 것이 이들의 주장이었다.

실력양성론에 입각한 독립운동에는 크게 민족 기업 설립 운동, 물

조선물산장려회 포스터

산 장려 운동, 민립 대학 설립 운동, 농촌 계몽 운동이 있었다. 3·1 운동 이후 문화 정치를 표방한 조선총독부는 1910년대 억압적인 식민 정책을 완화하는 모습을 보이고자 했다. 회사령을 철폐해 회사 설립을 신고제로 했고 많은 한국인 회사가 설립되었다. 그러나 일본인 회사의 수도 늘어났고 자본금에서 열악했던 한국인 회사는 일본과 어느 정도 타협하지 않을 수 없었다. 당시 대표적인 자본가로는 경성방직의 김성수, 화신백화점의 박흥식이 있었다.

물산 장려 운동은 평양에서 조만식을 중심으로 시작되었다. '내 살림 내 것으로', '조선 사람 조선 것'과 같은 구호를 외쳤고 토산품 애용, 근검저축, 금주 금연을 촉구했다. 민족 자본가를 육성하려는 운동이었으나 일부 상인이 농간을 부려 상품 가격만 오르는 경우도 있었다. 사회주의자들은 물산 장려 운동이 자본가나 중간 계급만을 풍족하게 만들 뿐이라며 비판했다.

민립 대학 설립 운동은 고등 교육 기관인 대학을 설립해 한국인들로 하여금 근대적 지식을 습득하게 하려는 운동이었다. 1923년 모금 활동을 시작했으나 홍수, 가뭄과 같은 자연 재해로 모금액은 얼마 안 되었다. 이를 대신해 조선총독부는 관립 대학 설립을 추진,

경성제국대학을 개교시켰다. 경성제국대학에는 조선인 학생이 전체 학생의 절반을 넘으면 안 된다는 불문율이 있었다.

농촌 계몽 운동은 문맹 퇴치, 생활 개선과 같은 농촌 문제 해결을 내세웠다. 천도교, 기독교가 중심이었고 조선일보와 동아일보는 문자 보급 운동을 전개했다. 농촌 계몽 운동은 근대적 논리에 입각한 총독부의 인식과 비슷한 부분이 있었다. 둘 다 미신 타파, 위생 보급 등을 강조했기 때문이다.

사회주의 계열은 농민운동, 노동운동, 형평운동 등에 나섰다. 농민운동과 노동운동은 소작료 인하, 임금 인상, 노동 시간 단축, 작업 환경 개선 등 농민과 노동자의 처우 개선을 내세웠다. 암태도 소작 쟁의(1923~1924)와 원산 총파업(1929)이 대표적이었다. 형평운동은 거울처럼 평등한 사회를 만들자는 운동으로 백정들이 주도했다. 백정들의 운동은 농민, 노동자와 충돌하기도 했다. 사회의 밑바닥에서 백정, 농민, 노동자들이 서로 살아남기 위해 경쟁하기도 했기 때문이다.

1920년대에는 일제의 식민 지배라는 현실을 인정하고 그 안에서 식민지 의회 설치와 같은 합법적 정치 운동을 모색하는 자치 운동도 일어났다. 총독부도 자치 운동에 관여했는데 총독부, 동아일보 등이 주장한 자치의 내용은 저마다 달랐다. 이 중에는 참정권을 얻어 주도적 정치 세력이 되려는 친일 세력도 있었다.

1926년에는 대한제국 마지막 황제 순종의 서거로 6·10 만세 운동이 일어났다. 사회주의 세력, 천도교, 학생들이 만세 시위를 계획

1921년 1월 1일, 대한민국 임시정부 신년하례회. 아래에서 두 번째 줄 왼쪽에서 일곱번째가 이승만, 맨아랫줄 왼쪽에서 세번째가 김구

했다. 1927년에는 식민지 시대 대표적인 민족 통일 전선 단체인 신간회가 출범했다. 1923년 이후 민족 운동 진영에서 계속된 민족협동전선론과 자치 운동에 대한 반대를 배경으로 신간회가 창립된 것이다. 다양한 민족주의, 사회주의 세력이 참여했던 신간회는 시간이 지날수록 사회주의자들과 노동운동 참가자들이 주도권을 장악했다. 다양한 세력의 갈등 끝에 신간회는 1931년 해소* 대회로 막을 내렸

• 해소를 주장한 이들은 신간회를 해체하려는 것이 아니라 노동자, 농민이 주도하는 새로운 단체로 조직해야 한다고 주장했다. 그러나 신간회는 사실상 해체되어 해소와 해체의 구분이 없어졌다.

다. 신간회의 정기 대회를 금지해왔던 총독부는 해소 대회만은 금지하지 않았다.

광주 학생 항일 운동은 1920년대 말을 장식했다. 1929년 10월 30일 나주역에서 한국 학생과 일본 학생 간의 충돌로 시작된 이 운동은 전국적인 규모로 번져 11월에는 서울 지역에서 동맹 휴학이 일어나기도 했다. 6·10 만세 운동 이후 활발했던 학생들의 동맹 휴학, 독서회를 명목으로 한 비밀 결사 등이 광주 학생 항일 운동의 확산에 영향을 끼쳤다. 학생들은 수감자의 석방, 교육의 정상화, 치안 유지법 반대, 언론·출판·집회·결사의 자유, 학문의 자유 등을 주장했다. 3·1 운동 이후 최대 규모의 항일 운동이 10년 만에 다시 일어났던 것이다.

32

디아스포라와 조선인의 삶

일제의 조선 지배를 전후하여 많은 조선인들이 일본, 만주, 러시아 등으로 이주했다. 생계유지를 위해, 독립운동의 모색을 위해, 일확천금의 기회를 노리는 등 많은 이유로 이들은 조선을 떠났다. 그러나 외지에서의 생활은 녹록치 않았다. 이들은 일본과 조선 그리고 그들이 거주하는 국가의 경계에서 불안정한 삶을 살았다.

일본에 거주하는 조선인은 1911년 당시 2,527명에 불과했으나 1924년 11만 8,152명으로 증가했고 1945년 해방 당시에는 197만여 명에 달했다. 초기에는 학생들의 유학이나 상업을 위한 이주가 대다수였으나 일제는 대륙 침략 정책으로 많은 조선인들을 '노동력'으로 간주하고 이주시켰다. 그 결과 1940년부터 해방까지 5년간 100만~150만 명이 강제로 일본에 건너갔다.

1923년 9월 1일 발생한 관동 대지진과 뒤이은 조선인 학살은 재일 조선인이 겪어야 했던 아픔을 보여준다. 1923년 9월 1일 일어난 규모 7.9의 대지진은 관동 지역을 초토화했다. 관동 지역 인구 천만 명 가운데 이재민만 310만 명에 달했으며 14만 2,000명이 죽고 3만 7,000명이 실종됐다. 대지진이 발생한 그날 저녁부터 관동 지역에서는 '조선인이 불을 지른다', '우물에 독을 풀었다'와 같은 유언비어가 퍼졌다. 일본 정부는 계엄령을 선포했고, 무장 군인과 경찰이 치안 유지를 위해 투입되었으나 이들은 조선인 학살을 방관했다. 경찰은 혼란을 빌미로 아나키즘 운동을 주도하던 박열, 가네코 후미코 등을 체포했다.

관동 지역에서는 재난을 수습하기 위한 민간 자치 기구인 자경단이 소집됐다. 자경단은 일본어가 서툴거나 대답을 제대로 못 하는 조선인들을 학살했다. 당시 도쿄에는 1만 명 정도의 조선인이 거주하고 있었는데 독립신문의 보도에 따르면 6,661명이 학살당했다. 조선인뿐만 아니라 일본인 사회주의자, 중국인들도 살해당했다. 일본 정부는 자경단을 체포, 기소했으나 대부분 집행유예로 풀려났고

관동 대지진 때 일본 자경단이 저지른 한국인 학살

실형을 받은 30명도 1924년 1월 사면으로 모두 풀려났다.

　미국으로의 공식적 이민은 1902년 허락되었다. 1902년부터 1905년까지 약 7,200명의 조선인들이 하와이와 미주(아메리카)로 건너갔다. 미국에서는 독립운동의 주도권과 자금을 둘러싼 한인 사이의 갈등이 일어났다. 1910년 미주 지역 한인 조직들의 완전한 통일체인 대한인국민회가 형성되었다. 초기 대한인국민회의 노선은 박용만이 주도했다. 하와이 한인으로부터 성대한 환영을 받은 박용만은 하와이 한인지방총회를 법인으로 등록했고 군사력 양성을 위해 대조선 국민군단과 사관학교를 설립했다.

　1913년 대한인국민회와 박용만의 초청으로 이승만은 하와이에 도착했다. 박용만과 이승만은 1900년대 초 감옥에서 의형제를 맺은 사이였다. 그러나 이승만 진영과 박용만 진영은 1915년부터 본격적인 갈등을 일으키기 시작했다. 두 진영의 갈등은 법적 갈등으로 이어졌고 결국 이승만이 대한인국민회를 장악하자 박용만은 새로운 조직을 만들었다. 1928년 박용만은 친일파라는 누명을 쓰고 살해되었다.

만주 지역은 19세기 후반부터 조선인들이 학정과 흉작, 기근으로부터 벗어나기 위해 건너가는 피난처였다. 그러나 청나라는 만주를 왕조가 발흥한 신성한 땅으로 여겨 이곳으로의 인구 유입을 봉쇄하고 있었다. 1909년 일본과 청은 간도 협약을 체결했다. 간도 협약으로 청은 간도를 자국 영토로 삼았고 일본은 만주 지역 철도 부설권을 얻었다. 그러나 일본은 이에 만족하지 않았다. 일본은 만주와 몽골을 자신들 '제국'의 '생명선'으로 여기고 있었다.

1915년 일제는 조선인의 만주 이주를 장려하기 시작했다. 당시 매일신보는 조선인의 만주 이주를 '고토 회복'에 비유하고, 만주를 '조선 민족의 발원지'로 지칭했다. 이 시기 만주로 이주한 조선인은 소수 민족이자 일본 국적자로 살아갔다. 일본은 조선인의 국적 변경 신청을 받아주지 않는가 하면 쌀 배급과 급료에서 2등 대우를 해주기도 했다. 이를 적극 활용하는 조선인들도 있었는데 이 때문에 중국인에게 '얼궤이즈(二鬼子, 일본 놈의 아류)'로 취급받기도 했다. 만주는 홍범도, 김좌진의 지휘 아래 독립군이 활약하는 곳이기도 했다. 일본군은 이들을 탄압하고자 간도에 출병, 약 3천 명의 조선인을 학살했다.

봉오동 전투를 승리로 이끈 홍범도

　　일제가 도발한 만주 사변(1931)으로 조선인의 만주 이주는 극적으로 늘어났다. 만주로의 이주자 수는 만주 사변 이전 1927년부터 1930년까지 매년 평균 1만 6천 명 정도가 증가했다면, 1932년부터 1935년까지는 평균 8만 명이 증가했다. 나라를 잃고 어느 곳에도 안착하지 못한 디아스포라의 삶은 고달팠다. 그럼에도 중일 전쟁(1937) 이후 식민지 조선에서는 '일확천금'의 꿈을 이루어줄 '기회의 땅' 만주라는 이미지가 확산되었다. 식민지에서의 차별을 만주에서 상쇄시킬 수 있다는 환상이었다.

» 33 «

한국사를 둘러싼 일제와 조선의 경합

제국주의 시대 서양인들은 종교, 학문 등을 총동원하여 식민지 지배를 합리화했다. 식민지 지배는 '신의 섭리'로 여겨졌고, 우생학은 백인이 아닌 인종을 열등한 존재로 만들었다. 그러고는 서양인들이 부족한 동양을 '선의'로 도와준다는 논리를 펴나갔다. 『정글북』으로 유명한 영국의 작가 키플링도 '백인의 짐(The White Man's Burden)'이라는 표현을 쓰며 미국의 필리핀 지배를 지지했다.

뒤늦게 제국주의 대열에 합류한 일본도 다르지 않았다. 19세기 후반 일본에서는 정한론(征韓論)이 등장했다. 조선이 혼란하고 망할 것 같으니 가서(行) 바르게(正) 고쳐주자는 주장이었다. 일본인들은 '근대 역사학'이라는 이름으로 정한론을 정당화했다. 바로 식민주의 역사학이다. 식민주의 역사학은 일제의 침략과 지배를 합리화하는 이론적 기반이었다. 식민주의 역사학자들에 의해 한국사는 '근대 역사학'으로서 연구되고 서술되었다.

식민주의 역사학의 한국사 연구는 크게 두 가지 특징을 띠었다. 하나는 한국사 또는 한국 문화의 발전에 주체성이 결여되었다는 타율성론이었고, 다른 하나는 한국사에 내적 발전이 결여되었다는 정체성론이었다. 타율성론에 따르면 한국사는 대륙의 동북아시아에 부속된 역사였다. 대표적으로 만선사학은 만주와 한반도를 하나의 역사적 단위로 파악하는 것이었는데, 이에 따르면 한국사는 만주에 종속된 역사였고, 한반도의 역대 왕조는 만주의 변화에 영향을 받아 왔다. 만선사학자들은 만주로 진출한 고구려를 높게 평가하는 한편 신라는 반도에 머물렀기 때문에 나약해졌다고 평가했다. 만선사학의 목표는 일제의 만주 침략을 합리화하는 것이었다. 이 때문에 일제의 침략이 계속되면서 그 범위는 몽골, 동아시아 등으로 확장되었다.

정체성론은 주로 경제사를 연구하는 학자들에 의해 제기되었다. 한국 사회는 봉건제가 결여되어 있기 때문에 후진 상태에 머무를 수밖에 없다는 주장이었다. 봉건제가 결여된 한국 사회는 근대 자본주의로 나아갈 수 없는 고대 사회로 파악되었다. 한 학자는 한일 합방 직전의 한국 사회를 10~11세기 일본에 해당하는 단계로 보았다. 정체성론에 따르면 한국 사회는 주체적, 내재적, 자발적으로 '근대 사회'로 이행할 수 없었다. 이 때문에 일본은 정체된 한국 사회를 발전으로 이끌어주어야 했다. 일제의 식민 통치가 부패하고 정체된 한국 사회를 성장, 발전시키고 있다는 주장이었다.

일제의 식민사학에 맞선 한국사 연구도 시작되었다. 이는 크게 민족주의 사학, 실증사학, 사회경제사학으로 구분된다. 민족주의 사학의 대표적인 인물로는 박은식, 신채호 등이 있었다. 박은식은 '국혼'을 강조하며 일제의 침략과 이에 맞선 독립운동의 역사를 정리했다. 신채호는 고대사 연구에 주력했는데, 단군 신화를 역사적 사실로 인정하고 한사군이 만주에 있었다고 주장했다. 한민족의 역사를 중국과 무관하게 만들기 위해서였다. 일제가 위만조선과 한사군을 강조하며 고대사에서 중국의 영향을 강조했기 때문이었다. 그런데 신채호는 이후 『조선상고사』에서 고조선과 단군의 역사에 대한 서술을 축소했다. '위대한 상고사'의 내용을 담고 있다는 대종교 계열 서적들을 위서(僞書)라고 비판하기도 했다. 아나키즘을 수용하며 역사의 주체로서 '민중'에 주목한 것이었다.

실증사학자들은 역사가의 주관 없이 사실을 있는 그대로 기술해야 한다고 주장했다. 이들에게 영향을 준 사람이 바로 '근대 역사학의 아버지'로 불리는 랑케이다. 랑케는 자신의 책 서문에 이렇게 적었다. "역사학은 다만 그것이 본질적으로 어떠하였는가를 보여주고자 할 뿐이다." 과거는 현재의 기준으로 판별할 수 없고 그 자체의 맥락에서 보아야 한다는 말이었다. 랑케는 문헌학자들이 개발한 '문헌 고증'을 역사학에 도입하기도 했다. 역사가들은 자신이 연구하는 시대에 작성된 것으로 여겨지는 '가장 순수하고 직접적인 기록'에 주목해야 했다. 이에 따라 실증사학의 연구는 고대사의 경계와 지리 문제, 연대 파악 등에 집중되었다.

사회경제사학은 개개의 역사 사실 고증보다는 전체 사회경제의 구조와 발전에 대해 연구했다. 이들은 정체성론 극복을 위해 한국사 속 봉건제의 요소 등을 찾았다. 한국 사회가 봉건제를 경험했고, 다른 민족과 동일한 발전 과정을 거쳤다는 주장이었다. 사회경제사학에 속한 이들 간에도 차이가 있었다. 1930년대 중반 우리 민족의 전통 사상 속에서 문화의 독자성과 주체성을 찾자는 조선학 운동이 일어났다. 정약용에 주목한 이들은 1935년 다산 서거 100주년 기념사업을 진행했다. 사회경제사학자 가운데 백남운은 조선학 운동에 참여한 반면 다른 이들은 '감상적 복고주의'라고 비판하기도 했다.

식민사학 극복은 일제 시기뿐 아니라 해방 후에도 한동안 역사학계의 주된 과제였다. 지금도 식민사학을 둘러싼 논쟁은 계속되고 있다. 식민사학 문제는 간단하지 않다. 식민사학 안에도 여러 주장이 있고, 그들과 같은 주장을 한다고 해도 식민사학에 동조하는 것을 의미하지는 않는다. 예를 들어 일부 일본사 연구자들은 일본과 조선의 조상이 같았다는 '일선동조론'을 주장했는데, 이는 만주와 조선을 하나로 묶어 파악하는 만선사관의 입장과 결을 달리한다. 한사군이 한반도에 위치했다는 주장은 일제 시기 이전인 조선 시대 지리서에 실려 있기도 하다.

» 34 «

세계 대공황과 전시 체제에
돌입한 조선

1929년 10월 24일 뉴욕 주식 시장이 대폭락했다. '검은 목요일'
이라 불리는 이날 이후 세계적인 경기 침체가 10년간 지속되었다.
1930년 한 해에만 미국에서 은행 2,300곳이 파산했고 독일의 경우
16세 이상 남성의 절반이 실직했다. 일본도 예외가 아니었다. 1930년
800개의 기업이 도산했고, 300만 명의 실업자가 발생했다. 식민지
조선의 쌀값은 반값으로 폭락했고 1931년 전체 인구의 30%가 실
업자였다. 당시 인구의 80%를 차지하고 있던 농민층의 붕괴는 심
각한 사회 문제였다.

이러한 세계 대공황을 타개하기 위해 서구 국가들은 식민지와
본국을 하나의 블록으로 통합했다. 자국 우선주의 입장에서 블록 밖
의 타자와는 봉쇄적인 무역을 이어갔다. 그러한 가운데 조선 총독
우가키는 '일본을 정밀 공업 지대로, 조선을 비정밀 공업 지대로, 만

주를 농업 지대와 원료 지대로' 삼는 일선만 블록론을 주장했다. 만주 철도를 스스로 폭파하고 만주 사변을 일으킨 일본은 독일, 이탈리아와 마찬가지로 군국주의의 길을 걷게 된다.

1937년 7월 7일 루거우차오(노구교) 사건이 일어났다. 중국 베이징의 루거우차오에 주둔하고 있던 일본군이 야간 훈련을 하던 중 총성과 함께 병사 한 명이 행방불명되었다. 일본군은 중국군 측에 직접 수색 및 진상 조사를 벌이겠다고 통보했지만 중국은 이를 거절했다. 양국은 군사적 충돌 후 정전 협정을 맺었으나 이 갈등은 중일 전쟁으로 치달았다. 일본군은 7월 중에 베이징과 톈진을 점령했고 8월에는 상하이를 공격했다. 일본군은 속전속결로 주요 대도시를 점령하고 중국 국민당의 항복을 받아내려 했다. 1937년 12월 난징을 점령한 일본군은 미처 탈출하지 못한 시민들과 패잔병을 잔혹하게 학살했다. 중국 정부의 추산에 따르면 약 30만 명이 학살당했다.

일본은 중일 전쟁으로 전시 체제에 돌입했다. 전시 체제는 식민지 조선에도 도입되었다. 일제는 1937년 일왕에 충성을 맹세하는 '황국신민서사'를 암송하도록 강요했다. '황국신민서사'는 성인용, 아동용이 각각 있었고 모든 학교와 직장에서 암송하고 합창해야 했다. 학교 교육에서 조선어는 정규 교과에서 제외되었고, 일본어 사용을 의무화했다. 또 창씨개명령을 통해 조선식 성명제를 폐지하고 일본식 성씨로 대체했다.

전시 체제의 조선에서 전쟁은 곧 일상이었다. 전쟁 물자 보급을 위해 일상에서의 소비 절약, 생활 간소화가 강조되었고 생필품 보급제가 시행되었다. 여성들은 노동복인 몸뻬 착용을 강요받았다. 오전 6시 기상, 밤 9시 상점가 폐점과 같은 규칙적인 생활도 도입되었다. 1940년부터는 쌀 공출 제도가 실시되었고 1941년 금속류 회수령에 따라 놋그릇, 종, 불상 등이 공출 대상에 포함되었다. 강제 저축도 실시되어 1944년 저축액은 1937년의 100배 이상이 되었다.

일제는 물자뿐만 아니라 인적 자원도 총동원했다. 1939년부터 시작된 전시 동원 체제에서 조선인들은 주로 일본 내 탄광으로 끌려갔다. 조선인 징용은 조선인 '모집', '관 알선', '징용'이라는 세 단계로 나뉘었으나 이는 형식적인 절차에 불과했다. 1945년 7월 31일자 '홋카이도 각 탄광별 노동자 수 조사'에 따르면 조선인들은 탄광 사고가 주로 일어나는 갱내 노동자로 일했다. 조선인들은 작업 환경 외에도 강제 저축, 임금 등에서 차별을 받았다. 조선인들의 통장과 도장은 회사가 보관했고 만기 퇴직해야 저축을 돌려받을 수 있었다.

학생들도 육군특별지원병제도에 따라 학병으로 동원되었다. 학병 동원 대상자로 지목된 총 6,203명 가운데 70%에 해당하는 4,385명이 군인으로 차출됐다. 동원된 학병은 1944년 1월 20일 일본군 부대에 입영 후 훈련을 받고 전선 각지로 재배치됐다. 그중에는 김준엽, 장준하처럼 일본군을 탈출해 독립운동에 가담하는 경우도 있었다.

조선을 비롯한 여러 나라의 여성들은 '위안부'라는 이름으로 일본군에게 끌려갔다. 처음에는 '업자'를 통한 '모집'이라는 방법을 택했으나 1938년 3월 4일자의 육군성 문서 '군 위안소 종업부 등 모집에 관한 건'에는 "모집에 임하는 자에 대한 인선이 적절하지 못해, 모집 방법이 유괴와 유사하여 경찰 당국에 검거되어 조사를 받는 자가 있는 등, 주의를 요하는 자가 적지 않다"고 기록되었다. 일본 영사관, 조선총독부와 같은 기관은 업자들이 '위안부'를 모집하는 데 있어 여러 편의를 제공했다.

전시 체제에 들어간 일본은 침략 전쟁을 확대해나갔다. 독일, 이탈리아와 삼국 동맹을 체결하고 영국과 프랑스령 동남아시아를 침공했다. 일본은 조선, 만주, 중국, 동남아시아를 '대동아공영권'이라는 하나의 표상에 묶으려고 했다. 대동아공영권을 건설해 동아시아에서 서구의 질서를 부정하고자 한 것이다. '공영'이라는 말이 붙었지만 대동아공영권 내에서도 선택과 배제는 있었고 어디까지나 중심은 일본이었다. 예를 들면 일본인과 조선인은 구별되어야 했다. 대부분의 일본인들은 '일본인은 신성한 야마토 민족을 계승한 민족'이라고 인식했고, 조선인들은 일본인보다 미개한 민족이라는 차별의식을 갖고 있었다. 따라서 그들은 조선인들을 일본 민족 안에 받아들일 생각이 추호도 없었다.

암흑과 같은 식민지 지배 아래에서도 독립운동 세력은 한 줄기 빛을 꿈꾸었다. 국내에서는 박헌영을 중심으로 이관술, 김삼룡, 이현상 등이 조선공산당 재건을 위한 경성콩그룹을 조직했다. 이들은 해방 후 조선공산당 재건파의 주축이 되었다. 여운형 또한 국내에서 건국동맹을 조직했다. 건국동맹에는 최용달, 이강국, 박문규 등이 협력했고 안재홍, 허헌, 조만식도 협조하기로 했다. 건국동맹은 임시정부, 독립동맹 등 국외 독립운동 세력과 연결을 시도하며 일제 패망과 독립의 순간을 준비했다.

중국 화북 지역에는 무정, 최창익, 김두봉이 참여한 독립동맹이 있었다. 독립동맹의 군대인 조선의용군은 중국 팔로군 소속으로 항일 전쟁에 참전했다. 조선의용군은 해방 이후에도 중국 국공 내전에 참가하여 세력을 확대했다. 소련 영내에는 동북항일연군 - '88국제여단'으로 이어지는 부대가 있었다. 김일성, 김책, 최용건 등이 참여한 이 군대는 조선인민군의 모체나 다름없었다. 이들이 1937년 함경남도의 작은 마을인 보천보를 공격한 사건은 널리 알려져 있다.

중국 관내에는 임시정부가 존재했다. 임시정부는 조직 초기 어려움을 겪었으나 1931년 한인애국단을 조직하며 활로를 찾았다. 이봉창, 윤봉길 등이 한인애국단 소속으로 의거 활동을 수행했다. 임시정부는 김구를 중심으로 안정되었고 김원봉의 조선의용대도 합류했다. 해방 이전 조소앙은 개인, 민족, 국가 간 평등 즉 삼균주의라는 건국 강령을 발표했다. 이처럼 지역과 생각은 달랐지만 각각의 독립운동 세력은 미래를 준비하고 있었다.

35

1945년 8월 15일 열린 해방(1)

제2차 세계대전 중 연합국은 미국이 참전하고, 독일과 소련이 맞서 싸우기 시작하면서 전황을 유리하게 풀어갔다. 종전이 다가오자 미국, 소련 등의 연합군은 전후 세계질서 재편에 대해 논의하기 시작했다. 한국 문제는 1943년 11월 카이로 회담에서 거론되었다. 카이로 선언 특별 조항은 "한국 인민의 노예 상태에 유의하여 적절한 절차를 거쳐 한국을 자주독립시킬 것을 결의한다"고 확인했다. 한국의 자주 독립을 명시했지만 여기에는 '적절한 절차(in due course)'라는 단서가 붙었다. 원래 선언문 초안에는 '가장 빠른 시기에(at the earliest moment)'라는 표현이 있었다. 이를 루스벨트가 '적당한 시기에(at the proper moment)'로 고쳤고, 처칠은 다시 '적절한 절차(in due course)'로 수정했다.

카이로 회담에 참석한 장
제스(장개석), 프랭클린 루스
벨트, 윈스턴 처칠

　　당시 미국은 제2차 세계대전 이후 식민지 처리 방안으로 '신탁
통치'를 구상하고 있었다. 제2차 세계대전은 표면적으로 연합국과
추축국* 사이의 전쟁이었으나 이면에는 식민지 문제가 놓여 있었
다. 아시아, 아프리카, 중동에서는 반식민지 독립운동과 사회 변혁
운동이 동시에 맹렬하게 전개되었다. 미국은 영국과 프랑스의 식민
지배를 비판하면서도 급진적인 탈식민 정권이 들어서는 것을 우려
했다. 그래서 도출된 정책이 신탁통치였다. 신탁통치는 식민지를 독
립시키되 일정 기간의 유예를 두어 그 기간 동안 국제기구나 국가
들이 통치하는 것이다. 식민지를 차지했던 제국들의 반발을 최소화
하면서도 식민지 민중의 민족주의적 열망을 어느 정도 흡수하려는
의도였다. 영국, 프랑스가 반대하자 신탁통치의 적용 국가는 자연스
럽게 일본이 지배한 지역의 식민지, 그중에서도 한국이 될 수밖에

●미국, 영국, 프랑스 등 연합국에 맞선 일본, 독일, 이탈리아 등 여러 나라.

없었다.

    카이로 회담에 이은 테헤란 회담에서 루스벨트는 필리핀의 통치 경험으로 미루어 한국에는 40년의 훈련 시간이 필요하다고 주장했다. 신탁통치 문제는 1945년 2월 얄타 회담에서 다시 논의되었다. 루스벨트가 미국, 소련, 중국의 신탁통치 기구 설치를 제의하자 스탈린은 "아마도 처칠 총리는 우리를 죽이려 할 거요"라고 농담하며 영국의 참여를 강조했다. 신탁통치 기간에 대해서는 루스벨트가 20~30년을 제안하자 스탈린은 짧으면 짧을수록 좋다고 대답했다. 루스벨트와 스탈린은 한반도에 외국 군대를 주둔시키지 않을 것에 구두 합의했으나 신탁통치에 관한 분명한 협정을 맺지 않았다.

    종전 직전 포츠담 회담에서도 카이로 선언을 확인했을 뿐, 한국 문제는 제대로 논의되지 못했다. 결국 한반도 정세에 따라 전후 정책은 수정될 여지가 있었다. 1945년 8월 6일 미국은 히로시마에 원자 폭탄을 투하했고, 소련은 얄타 회담에서 약속한 대로 독일과 소련의 전쟁이 끝난 3개월 후인 8월 9일 일본에 대한 전쟁에 뛰어들었다. 소련이 참전하자 미국은 소련에 38도선을 기준으로 한반도를 분할할 것을 제안했고 소련은 이를 수락했다. 38도선에 대해서는 30여 분 만에 그어졌다는 설, 일본의 영향력이 작용했다는 설 등이 있고 언제부터 착안됐는지에 대해 의견이 분분하다. 38도선이 일본의 항복을 접수하기 위한 군사적 고려에서 그어졌는지 아니면 동북아시아에서 소련의 세력권 확장을 제어하려는 정치적 의도 아래 결정되었는지에 대해서도 마찬가지다.

한반도를 남북으로 가른 38도선

    국내에서는 단파 방송* 등을 통해 일본의 패전 소식이 알려지고 있었다. 이 소식을 접한 조선총독부는 일본인들의 안전 문제를 논의하기 시작했다. 총독부 당국자는 치안을 맡길 인물로 여운형을 지목했다. 8월 15일 아침 엔도 정무총감은 여운형과 만났다. 이 자리에서 여운형은 정치범·경제범의 즉시 석방, 경성의 3개월분 식량 확보, 치안 유지와 건설 사업에 구속과 간섭을 하지 말 것 등을 제시했다. 제한적인 치안 유지만 의뢰하려던 총독부 측은 당황했으나 소련군이 진주한다는 소식과 일본의 패전 소식을 접하고 있었기 때문에 거절할 수 없었다.

•3~30MHz의 주파수대의 전파를 사용하는 방송.

여운형은 8월 15일 저녁부터 건국준비위원회(이하 건준) 조직에 들어갔다. 건준은 여운형의 건국동맹이 모체가 되고 안재홍이 긴밀히 협력하여 만든 조직으로, 송진우 측을 제외한 국내 독립운동 세력 대부분이 참여했다. 여운형은 여러 번 송진우 측에 합작을 요청했으나 송진우는 '중경 임시정부'를 지지해야 한다며 거절했다. 건준 조직은 지방으로 확산되어 8월 말까지 145개의 지부가 있었다고 한다. 지방의 건준 지부는 38선 이남의 경우 대체로 좌와 우가 연합한 형태를 띠고 있었다.

36

1945년 8월 15일 열린 해방(2)

8월 말, 정계의 분위기가 바뀌기 시작했다. 38도선 이남에 미군이
진주한다는 정보가 들어왔고 좌익은 급속히 세력을 확장하고 있었
다. 안재홍은 건준에서 물러나 9월 1일 결성된 국민당 당수에 추대
되어 취임했다. 송진우 측은 '중경 임시정부' 절대 지지를 표명하기
위한 국민대회 준비에 착수했다. 이들은 9월 6일 한국민주당(이하 한
민당) 발기회를 개최했다.

　건준은 9월 6일 인민대표대회를 열어 '조선인민공화국'을 급조
했다. 중경 임시정부와 미군 진주에 대응하기 위해 건준을 정부 형
태의 조선인민공화국으로 확대 개편한 것이었다. 조선인민공화국은
주석 이승만, 부주석 여운형, 국무총리 허헌, 내무부장 김구, 군사부
장 김원봉, 외무부장 김규식, 재무부장 조만식 등 좌우를 망라한 조
직이었다. 그러나 정부 부서장으로 선임된 우익은 모두 참여를 거부

했고, 여운형과 박헌영의 의견 차이도 조선인민공화국 내에 존재했다. 그럼에도 조선인민공화국과 지방 인민위원회는 해방 직후 가장 영향력 있고 강력한 정치 세력이었다.

9월 8일 하지 중장과 군인들을 실은 선단이 인천항에 도착했다. 미군 상륙을 환영하는 인파가 몰려들었는데 일본 경찰의 발포로 두 명이 사망하고 여러 명이 다쳤다. 하지는 맥아더 장군의 포고문을 수차례 공중 살포했다. 포고문은 미군이 '38도 이남의 지역과 주민에 대한 모든 행정권'을 가지고 있다는 것과 '점령군에게 반항행동을 하거나 질서 보안을 교란하는 행위를 하는 자'는 엄벌에 처할 것임을 밝혔다.

조선공산당에서는 박헌영의 재건파가 헤게모니를 장악했다. 9월 20일 조선공산당은 '현 정세와 우리의 임무'(8월 테제)를 채택했다. 8월 테제의 내용은 급진적이었으나 실제로 조선공산당은 미군정에 협조하는 노선을 택했다.

38선 이남에 설치된 미군정은 조선인민공화국을 부인하는 한편 '현상 유지 정책'을 통해 일제 시기 관리들을 그대로 근무하도록 했다. '친일파'로 간주되는 한국인 관리들과 경찰도 여기에 포함되었다. 한민당은 미군정의 비호 아래 세력을 확장해 경찰을 포함한 중요한 자리를 장악했다. 경무국장 조병옥, 수도경찰청장 장택상은 모두 한민당에서 활동하던 이들이었다.

1945년 10월 16일 이승만이 귀국했다. 8·15 해방 이전부터 끈질기게 귀국 요청을 한 결과 그는 임시정부 요인들보다 한 달 이상

일찍 귀국했다. 이승만은 10월 12일 오전 11시 도쿄에 도착해 16일 오전까지 머물렀다. 그동안 이승만은 하지, 맥아더, 정치 고문 앳치슨(George Atcheson Jr.)을 만났다. 이승만은 한국에 도착하기 전부터 유력 인사들과 접촉한 것이다.

이승만은 맥아더가 제공한 전용기 바탄(Bataan)호를 타고 귀국했다. 하지는 자신이 숙소로 사용하던 조선호텔의 스위트룸을 이승만에게 제공했다. 10월 20일 개최된 연합군 환영회에서 하지는 이승만을 '위대한 지도자'로 소개했다. 이승만은 '초당파적 지도자'를 자처하며 독립촉성중앙협의회를 결성했다. 이승만은 독립촉성중앙협의회로 우익 전체와 좌익 일부를 망라함으로써 귀국할 중경 임시정부도 이 조직에 흡수하려고 했다.

중경 임시정부 요인들은 11월 23일부터 귀국하기 시작했다. '정부'가 아닌 '개인' 자격으로 귀국했으나 미군정은 이들을 간판으로 활용하고자 했다. 중경 임시정부 측은 독립촉성중앙협의회에 별다른 반응을 보이지 않았다. 김구는 '임정법통론'을 주장하며 조선인민공화국과의 대등한 합작도 거부했다.

한편 소련은 건국준비위원회를 인정하는 '간접 통치'를 채택하면서도 38도선 이북의 정치사회를 나름대로 만들어보려고 구상하고 있었다. 1945년 9월 20일 스탈린은 북조선 점령 방침을 담은 지령에서 조선에 '소비에트식의 체제'를 도입하지 않을 것이며, "반일적인 민주주의 정당단체의 광범한 동맹에 기초하여 북조선에 부르주아민주주의 정권을 수립하는 데 협력할 것"을 촉구했다.

9월 19일 김일성은 소련 군함을 타고 원산에 상륙했다. 김일성은 김책, 최용건, 조만식과 함께 조선민주당을 창당했다. 11월 23일 신의주에서는 1천여 명의 학생들이 참여한 최초의 반소 반공 시위가 발생했다. 일부 공산당원들이 자신의 직위와 권력을 악용하여 사리사욕을 채우자 대중의 불만이 폭발했던 것이다. 12월까지 북한에는 허가이, 김두봉, 최창익, 무정 등 대부분의 독립운동 세력이 귀국을 완료했다. 이로써 남북을 통틀어 중요 정치 세력이 비로소 12월에 와서야 다 모이게 되었다.

» 37 «

미소 냉전과 좌우 갈등

1945년 12월 16일 모스크바에서 전후 문제 처리를 위해 미국, 영국, 소련의 세 외상 회의가 열렸다. 이 모스크바 3상 회의에서 미국과 소련은 한반도 문제에 대해 최초로 구체적인 합의를 이루었다. 소련의 제안을 약간 수정한 결정서에는 ① 임시 조선민주주의정부 수립, ② 미소공동위원회 설치, ③ 최고 5년 기한의 신탁통치 ④ 미소 양군 사령부 대표 회의 소집이 명시되었다. 이 가운데 중요한 사항은 일본의 식민 지배를 청산하고 한국을 독립국가로 재건설하기 위해 임시 민주주의정부를 수립한다는 1항이었다. 그러나 3항이 문제로 대두했다.

12월 27일 동아일보에는 "소련은 신탁통치 주장, 미국은 즉시독립 주장"이라는 제목의 왜곡 기사가 보도되었다. 중경 임시정부 측은 12월 28일 긴급 국무위원회를 개최한 후 신탁통치반대국민총

동원위원회를 설치했다. 그렇게 반탁운동의 열기가 거세지는 가운데 12월 30일 오전 6시 10분경 한민당 수석총무 송진우가 암살당했다. 송진우는 신탁통치가 "흥분할 만큼 그렇게 우려할 만한 것"이 아니며 미군정과의 충돌을 피해야 한다는 신중한 입장이었다. 이승만도 반탁 운동이 반미 투쟁이 되어서는 안 된다며 소극적이었다. 이승만은 김구를 중심으로 반탁 운동이 전개되는 데 대해 위기감을 느꼈다.

반탁 운동은 12월 마지막 날 절정에 달했다. 이날 신탁통치반대국민총동원위원회는 전국 총파업을 결의하는 한편 정권 접수를 선언하였다. 하지는 이를 임시정부의 쿠데타 기도로 규정하면서 단호하게 대응했다. 하지는 김구와 만났다. 김구는 "모든 요원들과 함께 한국을 떠나지 않으면 자살하겠다"고 했고, 하지는 "나를 속이면 죽여 버리겠다"고 김구를 위협했다. 타협 끝에 물리적 충돌은 일어나지 않았지만 둘의 관계는 쉽게 회복되지 않았다.

조선공산당은 1946년 1월 초 신탁통치에 대한 태도를 바꿔 모스크바 3상 회의 결정의 지지를 표명했다. 조선공산당의 태도 변화는 지방 공산당원들에게 혼란을 주어, 반탁 대회와 3상 회의 지지대회가 뒤섞이기도 했다. 여운형, 김규식처럼 국제적 합의인 3상 회의를 존중하되 신탁통치는 민족적 입장에서 거부한다는 입장도 있었다.

신탁통치 파동 결과 좌우 대립이 본격화되었다. 좌익과 우익의 대결 구도는 기존의 친일파(반민족)/독립운동가(민족) 구도를 대체했다. 일부 친일 세력은 반탁 운동에 적극 참여했으며 우익은 공세적 입장에서 공산당을 민족반역자로 매도했다. 좌익은 민주주의민족전선(이하 민전)으로, 우익은 남조선대한국민대표민주의원(민주의원)으로 결집했다. 남한의 정치 세력과 민중은 양편 중 어느 쪽에든 가담할 수밖에 없었다.

신탁통치 반대 운동

38선 이북에서도 신탁통치 파동은 전개되었다. 조만식이 계속 신탁통치를 반대하자 소련군은 그를 호텔에 가두었다. 1946년 2월 발족한 '북조선임시인민위원회'는 미소공동위원회에 앞서 '민주개혁'을 단행했다. 북조선임시인민위원회를 장차 수립될 임시정부에 확대 적용하고 이북의 체제를 확고히 굳히겠다는 의도였다. 농민이었던 북한 주민 대다수는 무상 몰수 무상 분배의 토지 개혁을 환영했다. 그러나 토지 개혁 과정에서 월남한 지주, 청년 세력들은 남한에서 강한 반공주의 집단을 형성했다. 토지 개혁 이후에는 주요 산업의 국유화, 8시간 노동제, 남녀평등권법 등이 뒤따랐다.

3월 20일 덕수궁에서 개막한 미소공동위원회는 협의에 참여할 대상 선정을 둘러싸고 파열음을 보였다. 소련은 반탁 투쟁을 한 정당, 사회단체를 임시정부 구성에서 배제할 것을 주장했고, 미국은 토지 개혁은 친일파 처단과 함께 해방 이후 우선 과제로 제기되었다. 1945년 말 기준 전체 농지 중 농가가 소유한 자작지 비율은 3분의 1에 불과했다. 3분의 2가 지주한테 소작을 얻어서 부치는 소작지였다. 이 땅들을 농민들에게 나누어주려는 것이 토지 개혁이었다. 북한에서는 모든 토지를 대상으로 했기 때문에 '토지 개혁'으로, 남한에서는 과수원·염전 등을 제외했기 때문에 '농지 개혁'으로 불린다. 예전에는 남한의 농지 개혁이 제한적이었고 유상 몰수 유상 분배로 진행되었기 때문에 비판받았다. 실증적 연구가 이루어지고 아시아의 경제 성장이 주목받으며 농지 개혁은 재평가받고 있다. 실제로 토지 개혁에 성공한 한국, 일본, 중국, 대만은 그렇지 않은 중남미와 필리핀 등과 비교하여 높은 경제성장률을 보여주고 있다.

민주의원을 중심으로 한 임시정부 구성을 내세웠다. 미군정은 일차적으로 임시정부 구성에 포섭해야 할 우익이 반탁 운동에 앞장서고 있는 모순을 해결해야 했다.

이 문제에 대해 4월 18일 미소공동위원회(이하 미소공위) 공동성명 5호가 발표되었다. 반탁 운동에 참여했던 단체라도 3상 회의 결의에 지지를 표명한다고 서명하면 협의의 대상으로 삼겠다는 내용이었다. 이에 김구, 조소앙 등 우익 강경파를 제외한 대다수는 찬성하는 뜻을 보였다. 하지는 4월 27일 특별성명을 통해 공동성명 5호 서명을 촉구했다. 서명하지 않는다면 협의의 대상이 되지 않는다며 서명하더라도 반탁 의견을 존중한다는 것이었다.

하지의 특별성명 이후 민주의원 등 대부분의 우익은 공동성명 5호 서명에 동의했다. 그러나 미소공위는 5월에 무기한 휴회에 접어들었다. 이유는 역시 협의의 대상 문제였다. 소련은 반탁 의사 표시에 대한 하지의 특별성명을 문제 삼았다. 게다가 미국은 협의의 대상으로 20개의 정당과 단체의 명부를 제출했는데 그중 17개가 우익에 속했다. 소련은 좌익 세력이 강한 남한의 현실을* 반영하고 극단적인 반소 세력을 임시정부 구성에서 배제하려 했다.

미소공위 휴회 이후 좌익과 우익은 노선을 전환했다. 1946년 초부터 미소 협력 불가와 남한만의 단독정부 수립을 주장하던 이승만은 6월 3일 정읍에서 "미소공위가 재개될 기색도 보이지 않으며 통일정부가 여의치 않으니 남방만이라도 임시정부 혹은 위원회 같은 것을 조직하자"고 발언했다. 한민당을 제외한 좌우익 대부분이 남한 단독정부 수립안에 비판적 태도를 취했지만 이 시기 이승만은 '우익 진영의 최고 지도자'로 자리매김하고 있었다. 하지의 권유로 1946년 4월부터 이승만은 지방을 순회하며 자신의 지지 기반을 확보했다. 이승만은 미군정, 경찰, 지방 행정 관리, 우익 청년 단체 등의 집중적인 보호와 원조를 받았다. 좌익을 전면적으로 탄압하면서 이승만의 지방 순회가 진행되었고, 동원된 많은 대중이 그의 연설과 선동에 박수갈채를 보냈다.

조선공산당은 '신전술'을 채택했다. 신전술은 '수세에서 공세로,

• 1946년 미군정이 8천여 명을 대상으로 실시한 여론조사에 따르면 70%가 사회주의, 13%가 자본주의, 7%가 공산주의를 찬성한다고 답했다. 한 연구에 따르면 당시 좌익과 우익은 사회주의를 다른 의미로 사용했다. 좌익은 공산주의에 이르기 전 단계를 사회주의라고 했고, 우익은 사회주의를 사회민주주의와 거의 동일한 의미로 여겼다는 것이다.

퇴거에서 진격으로' 나아가는 전략이었다. 이로써 조선공산당은 미국의 정책을 '제국주의적 반동적 노선'으로 규정하고 이를 민중에게 폭로할 것을 주장했다. 당시는 미군정이 "공산당은 위조지폐로 경제를 혼란에 빠뜨리려고 했다"며 조선정판사 위폐사건을 발표한 이후였다. 이 사건은 증거물보다는 주요 피고인들의 자백으로 이루어졌는데, 여러 피고인들은 고문으로 허위 진술을 했다며 법정에서 진술을 번복했다.

» 38 «

통일 정부 수립을 위한 노력과 좌절

좌우 대립이 격화되고 미소공위는 휴회했으나 아직 남북 분단이 확정된 상황은 아니었다. 통일된 독립국가를 향한 열망 속에 중도파가 좌우합작운동을 주도해나갔다. 좌우가 의견을 모아 미소공동위원회를 다시 열고 통일된 정부를 수립하려 한 것이다. 미소 냉전이 본격화되기 전이어서 미군정의 관리들도 좌우합작운동을 지원하고 나섰다. 그러나 좌우합작운동에 참여한 이들의 생각이 모두 같진 않았다. 미군정은 좌우합작운동을 통해 좌익을 분열시키고 극우가 아닌 온건한 우익이 주도권을 쥐게 하려 했다. 우익을 강화해 비공산주의자들이 영향력을 행사하는 정부를 세우려는 계획이었다.

조선공산당의 '신전술' 이후 미군정은 본격적으로 좌익 탄압에 나섰다. 9월 6일 좌익계 신문 세 개가 무기정간 처분을 받았고, 다음 날에는 박헌영·이주하·이강국에 대한 체포령이 내려졌다. 곧바로 박헌영은 북한으로 피신했다. 이후 남한에서 '9월 총파업'이 일어났다. 9월 23일 부산 철도공장을 시작으로 출판·전기 노동자들이 파업에 참여했다. 파업은 좌우익 사이의 물리적 충돌로 이어졌다. 우익의 김두한을 위시한 청년단과 경찰은 수백 명을 동원, 파업 장소를 습격했다.

10월에는 3·1 운동 이래 최대 규모의 농민·시민 봉기가 일어났다. 10월 1일 대구에서 경찰과 군중이 대치한 가운데 경찰의 발포로 한 명이 사망했다. 이 사건을 계기로 10월 항쟁이 발생해 경상남도, 전라남도, 충청도, 강원도 등 거의 전국으로 확대되었다. 10월 항쟁에서는 경찰이 군중의 지탄 대상이 되었다. 식민지 시기부터 경찰은 쌀을 강제로 거둬 가는 등 강제력을 행사하며 군중과 직접 부딪쳐왔다. 군중은 경찰을 잔인하게 살해했다. 해방 이후 쌓인 군중의 불만은 조선공산당의 '신전술' 국면과 연계하여 분출했다.

그러는 동안에도 좌우합작운동이 진전되어 10월 7일 좌우합작 7원칙이 발표되었다. 7원칙에는 남북을 통한 좌우합작으로 임시정부 수립, 미소공위 속개, 토지 개혁 등이 포함되었다. 김구, 이승만, 하지 등도 여기에 지지를 표했다. 그러나 미군정 법령으로 '남조선 과도입법의원' 창설이 공포되며 좌우합작운동은 무산되었다. 여운형, 김규식 등이 참여한 좌우합작위원회는 군정과 경찰 내의 친일파 숙청, 정치범 석방 등을 요구했으나 미군정이 일방적으로 입법의원 설치를 추진한 것이다. 조선공산당은 합작 7원칙을 전면적으로 거부하고 있었다.

입법의원 선거는 10월 하순 10여 일 만에 완료되었다. 경찰과 우익이 주관한 선거 결과 친일파가 대거 진출했다. 여운형은 입법의원에 반대한다는 성명을 발표하고 '자기비판'을 통해 정계 은퇴를 시사했다. 좌우합작위원회에 남은 인사들은 관선의원 명단을 제출했고, 미군정은 선거를 통해 선출된 민선의원을 제외한 절반의 관선의원을 지명했다. 1946년 12월 20일 개원한 입법의원은 좌우합작 운동 본래의 목표와는 거리가 멀었다. 중간파는 좌우로부터 공격을 받았고, 입법의원은 어느 한쪽도 만족시킬 수 없었다. 1947년 1월 이승만, 한민당 진영 의원들은 입법의원에서 반탁결의안을 제출해 미군정을 곤란하게 했다.

1947년 미소 양국은 미소공위를 5월 20일 다시 열기로 합의했다. 미군정은 우익 단체들이 미소공위에 적극 참여하도록 유도했다. 정작 우익의 거두인 이승만과 김구는 반탁 입장을 고수했다. 재개된 미소공위에 한민당이 참여할 뜻을 밝히고, 미군정이 김규식을 중심으로 중간파를 지원하자 이승만과 김구 진영은 협조하고 나섰다. 6월 23일 반탁 시위대는 덕수궁에 진입해 미소공위 소련 대표단 차량에 돌을 던지는 등 폭력을 행사했다. 이후 극우파에 의한 여러 테러, 암살 논의가 미군 정보망에 접수되었다.

미소공위는 1차 때와 마찬가지로 협의 대상 단체 명부를 둘러싸고 난항을 겪었다. 소련은 반탁투쟁위원회 가입 단체 등을 배제하라고 요구했다. 미국은 우익 진영의 대중 조직이 포함된 반탁투쟁위원회를 제외할 수 없다는 입장을 분명히 했다. 반탁운동은 계속되었고 미소공위 성공을 위해 매진하던 여운형은 7월 19일 암살당했다. 김규식도 거듭해서 암살 위협을 받았다. 결국 제2차 미소공위는 결렬되었다.

» 39 «

'두 개의 한국'과 전쟁의 씨앗

1947년 9월 17일 유엔 총회에서 마셜 미국 국무장관은 한국의 독립 문제를 정식 의제로 상정했다. 소련 측은 1948년 초까지 미소 양군이 한국에서 물러날 것을 제안했으나 총회 본회의에서 채택된 것은 미국 측 안이었다. 이에 따라 한국 총선거를 감시하기 위한 유엔 한국임시위원단이 구성되었다. 소련의 거부로 위원단은 북한 지역에 들어갈 수 없었고, 유엔 소총회는 위원단이 활동할 수 있는 지역에서 선거를 실시하는 결의안을 채택했다.

12월 2일 한민당 정치부장 장덕수가 암살되면서 한민당과 김구의 관계는 파국으로 치달았다. 사건의 배후에 한독당 관계자들이 관련되어 있다는 사실이 밝혀진 것이다. 김구는 유엔한국임시위원단이 도착하자 남한 단독 선거 반대, 양군 철수, 남북 지도자 회담을 제안했다. 그러자 한민당이 중심이 된 한국독립수립대책협의회는

1948년 4월 19일 남북협상을 위해 북으로 향한 김구 일행. 왼쪽부터 선우진, 김구, 김신

김구의 주장이 "조선을 소련의 위성국가로 만들려는 의도"이며 김구는 민족 지도자가 아니라 "크레믈린궁(모스크바에 있는 크렘린 궁전)의 한 신자"라고 주장했다.

김구는 김규식과 함께 남북협상에 나섰다. 이들은 북한의 김일성·김두봉에게 편지를 보내 회담을 제의하는 한편 단독 선거에 참여하지 않을 것을 천명했다. 북한 측은 평양에서 '전조선 정당사회단체 대표자 연석회의(이하 연석회의)'를 개최할 것을 제의했다. 김구, 김규식 등은 연석회의 일정에 맞춰 북으로 향했다. 연석회의와 별개로 김구, 김규식, 김일성, 김두봉의 회담도 진행되었다. 전조선 정당사회단체 지도자협의회는 외국 군대가 철수한 후에도 내전이 발생할 수 없다는 점을 확인하는 등 통일정부 수립에 이르는 길을 발표했다.

1948년 4월 북한에서 남북 협상이 진행되고 있었다면 남한에 서는 제주 4·3 항쟁이 일어났다. 이미 1947년 3·1절 기념 시위에서 경찰 발포로 여섯 명이 사망하면서 갈등의 씨앗은 뿌려졌다. 미군정 은 발포가 정당방위라고 강변하는 한편 좌익을 대대적으로 탄압하 기 시작했다. 남로당*제주도당은 중앙당과 협의 없이 무력 항쟁을 결정했다. 1948년 4월 3일 새벽 2시 한라산과 주위의 각 오름에서 일제히 봉화가 오르면서 '인민자위대'는 경찰서, 우익청년단 사무소 등을 습격했다. 탄압 중지, 단독 선거·정부 반대, 통일정부 수립 촉 구 등을 슬로건으로 내걸었다.

4·3 항쟁으로 제주는 단독 선거를 저지한 유일한 지역으로 기 록되었다. 남북 각각에 정부가 수립될 상황이었기 때문에 4·3 항 쟁은 남한 정권의 정통성에 대한 도전으로 인식되었다. 11월 17일 제주도에 계엄령이 선포되었고 9연대장 송요찬은 해안선으로부터 5km 이상 들어간 중산간지대를 통행하는 자는 폭도로 간주해 총 살하겠다는 포고문을 발표했다. 이때 설정된 한라산 금족(禁足) 지 역은 1954년 9월 21일에야 전면 개방되었다. 2003년에 발간된 진 상조사보고서는 잠정적인 인명 피해를 2만 5,000~3만 명으로 추정 한다.

5월 10일 유엔 소총회의 결의에 따라 선거가 진행되었다. 총 유

• 1946년 조선공산당과 여운형의 조선인민당, 백남운의 남조선신민당이 합당하여 조직한 남조선노 동당

권자의 90% 이상이 선거인 명부에 등록한 가운데 보통·평등·비밀·직접선거에 입각한 선거가 실시되었다. 중도파 민족주의자들은 선거에 참여하지 않는 경우도 있었고, 좌익은 단독 선거 반대 투쟁을 전개했다. 선거 결과 무소속 85석, 대한독립촉성국민회 55석, 한국민주당 29석 등이 선출되었다. 제헌국회에서는 대통령 이승만, 부통령 이시영을 선출하고 1948년 8월 15일 대한민국 정부 수립을 공포했다. 제헌헌법은 노동자의 이익균점권, 중요 자원의 국유, 중요 기업의 국영 또는 공영과 같은 조항을 담고 있었다.

대한민국 정부는 수립하자마자 국군의 반란에 직면했다. 여수에 주둔한 14연대가 제주도 출병을 거부하며 여순 사건(여수·순천 10·19 사건)이 일어난 것이다. 제주도 출동 반대, 친일파 처단, 조국 통일과 같은 구호가 외쳐졌으나 연대장의 체포, 군경 갈등 등이 복합적으로 작용한 사건이었다. 여순 사건의 여파는 순천, 광양, 곡성, 벌교 등으로 번졌다. 그러나 미군이 남한에 진주하고 있는 상황에서 봉기는 전국적으로 확산될 수 없었다. 봉기와 진압을 거치며 이 일대는 상호 학살을 경험했다. 여순 사건 이후 '빨갱이'라는 이미지가 생겨났고 국가 조직의 재정비, 반공 체제의 법제 정비 등이 이루어졌다. '빨갱이'는 비인간적 존재, 악마를 지칭하는 용어가 되었고 공산주의자는 죽음을 당하더라도 마땅한 존재, 누구라도 죽일 수 있는 존재, 죽음을 당하지만 항변하지 못하는 존재가 되었다. 국군은 군 내부의 '남로당 프락치' 처단에 나섰다.

제헌국회는 친일파 처단이라는 과제를 해결하기 위해 반민족행

위처벌법(반민법)을 통과시켰다. 그러자 이승만은 "특위가 사람을 마음대로 잡아다 고문을 못 하게 반민법을 개정해야 한다"는 반응을 보였다. 1949년 6월 6일에는 중부경찰서장이 경찰을 이끌고 반민특위를 습격했다. 그렇게 반민특위는 무력화되었다. 1949년 6월 26일 낮 12시 36분 김구가 암살당했다. 국민장으로 진행된 장례식에는 50만 인파가 모였다.

북한에서는 1948년 9월 9일 조선민주주의인민공화국의 수립을 선언했다. 그들은 이미 지하 선거로 남한 대표를 선출하였으므로 자신들이 전 조선을 영토로 하며 서울이 수도인 한반도 유일의 합법 국가라고 주장했다. 수상에는 김일성이 취임했고 제1부수상 겸 외상에는 박헌영이 선출되었다. 북한에서는 혁명을 전국적으로 수출하고 확대하는 국토완정론이 거론되기 시작했다. 이로써 한반도에는 '두 개의 한국'과 이로 인한 전쟁의 씨앗이 남았다.

» 40 «

내전이자 국제전, 한국전쟁

1949년 동아시아 정세는 급변해갔다. 중국에서는 공산당 군대가 국민당 군대를 격파하며 전세를 역전했고 1949년 10월 1일 중화인민공화국이 세워졌다. 1949년 8월 29일 소련은 핵실험에 성공함으로써 미국이 원자폭탄을 독점하던 시대를 끝장냈다. 중국 공산당의 지도자 마오쩌둥과 소련의 스탈린은 1950년 2월 14일 중소우호동맹상호원조조약을 체결했다.

한반도에서는 남과 북이 서로 통일에 대한 공세를 높여가기 시작했다. 남한에서는 북진 통일을 계속 주장했는데 "점심은 평양에서, 저녁은 신의주에서" 먹겠다는 구호로 자신감을 보였다. 소련과 중국의 지원을 등에 업은 북한은 남한 내부에 있는 빨치산[•]의 활동을 강화하는 한편 '평화' 통일을 계속 주장하는 전술을 썼다.

구상을 실천으로 옮긴 쪽은 북한이었다. 북한의 지도자 김일성과 박헌영은 이미 1949년 3월 소련을 방문, 무력으로 한반도를 통일하겠다는 입장을 밝혔다. 스탈린은 처음에는 반대했지만 중화인민공화국 수립, 소련의 핵실험 성공 등을 겪으며 입장 변화를 보였다. 1949년 2월부터는 500여 명의 군사고문단을 제외한 주한 미군이 철수했다. 스탈린은 중국의 도움을 전제로 북한이 전쟁에 나설 것을 승인했다. 마오쩌둥은 북한의 전쟁 계획에 찬성하며 미군이 개입할 경우 중국군이 참전할 것을 약속했다.

북한은 전쟁을 시작하면 남한 전역에서 빨치산이 봉기해 남한을 신속하게 점령할 수 있다고 예상했다. 그러나 북한의 예상은 정확하지 않았다. 1949년 정세가 급변하는 가운데 미국의 대외 정책도 변화했다. 그 전까지 미국은 중요한 거점을 중심으로 경제적이고 심리적인 측면에서 소련을 봉쇄하고자 했으나 1949년 이후 미국의 정책은 군사적 성격을 강조한 NSC-68**로 전환한다. 이에 따르면 미국은 재정 적자를 감수하더라도 군사비를 늘려야 하며, 모든 지역에서 공산주의의 팽창을 막아야 했다. 남한에 대한 미국의 경제

• 빨치산은 러시아어 '파르티잔'을 우리 식으로 발음한 말로 노동자나 농민들로 조직된 비정규군 유격대를 가리킨다. 해방 이후 남한에서 활동한 빨치산은 대체로 '구빨치'와 '신빨치'로 구분된다. 구빨치의 근원은 대구에서 발생한 10월 항쟁과 여순 사건 진압 과정에서 산으로 숨어든 '산사람'과 '야산대'이다. 구빨치는 1949년 동계 토벌 작전으로 고사 직전에 이르렀으나, 한국전쟁 이후 퇴각하지 못한 인민군이 합류하면서 규모가 늘어난다. 신빨치는 한국전쟁 이후 산으로 들어간 이들을 가리킨다. 지리산국립공원에 있는 '뱀사골 지리산역사관'에 따르면 1948년부터 1953년까지 5년 동안 지리산에서는 무려 10,717회의 교전이 벌어졌으며 군·경 6,333명, 빨치산 11,000여 명이 사망한 것으로 추정된다.
•• 1950년 4월 작성된 국가안전보장회의 보고서 68호(NSC-68)는 소련의 세계 정복을 막기 위해 미국은 군사력의 총체적 우위를 확보해야 하며 국방비의 3~4배 증액이 필요함을 주장했다.

원조 자금도 증가하기 시작했다. 38선 남쪽도 안정되고 있었다. 남한 정부는 공산주의자 색출에 들어갔고 인플레이션도 완화되기 시작했다.

1950년 6월 25일 일요일 새벽 4시경 북한군은 38선 전역에서 남침했다. 선전포고 없이 공격을 시작한 북한군은 3일 만에 서울을 점령했다. 미국은 즉시 군대의 투입을 결정했고 유엔 안전보장이사회는 북한을 침략국으로 규정했다. 6월 27일 본격적인 활동을 시작한 미 공군은 7월 초 제공권을 완전히 장악했다. 유엔군의 참전에도 북한은 낙동강까지 남한을 몰아붙였다. 미 해군의 함포 사격과 공군의 폭격 등으로 낙동강 전선의 전투는 장기화되었다. 이때 맥아더 사령관은 인천 상륙 작전을 감행했다. 인천 상륙 작전 다음 날 유엔군은 인천을 탈환했고 낙동강 전선에서도 대반격이 시작되었다. 인천 상륙 작전으로 퇴로가 끊긴 북한군은 산으로 올라가 빨치산 활동을 시작했다.

9월 28일 국군과 유엔군은 서울을 수복했다. 다음 날 트루먼 대통령은 미국의 38선 돌파를 승인했다. 중국은 유엔군의 북진을 경고했지만 국군과 유엔군은 압록강 앞까지 계속 진격했다. 중국군의 개입으로 전황은 바뀌어갔다. 중국군은 1951년 1월 4일 서울을 다시 점령했다. 맥아더는 만주를 폭격할 것을 주장했지만 결국 사령관에서 해임되었다. 다시 반격에 나선 유엔군과 국군은 서울을 재탈환했고 전쟁은 소강상태에 빠졌다.

우리가 흔히 알고 있는 한국전쟁의 단면들은 여기까지다. 그러

폭파된 한강 인도교와 철교

나 지금까지 살펴본 사건들은 1951년 4월 정도까지 일어난 것이다. 전쟁은 1953년 7월까지 계속되었다.

1951년 7월 10일 휴전 협상이 시작되었다. 2년 가까운 기간 동안 양측의 주장은 치열하게 맞붙었다. 가장 해결하기 어려웠던 것은 전쟁 포로 문제였다. 제네바 협정에 따르면 전쟁 포로는 전쟁이 끝나면 본국으로 돌려보내는 것이 원칙이었다. 그러나 포로 명부를 교환한 이후 문제가 생겼다. 명부상 공산군 포로는 13만 명 정도였는데 유엔군 포로는 1만 명 정도로 차이가 컸던 것이다. 유엔은 처음에는 1대1 비율로 포로를 교환할 것을 제의했다가 거절당한 이후 포로에게 선택권을 주어 결정하게 할 것을 주장했다. 이 주장은 한국전쟁이 지닌 특수성에 기인한 것이기도 했다. 전쟁 과정에서 남과 북이 톱질하듯이 영토를 뺏고 뺏기는 과정에서 많은 사람들을 군인으로 편입시켰다. 이 과정에서 원치 않게 총을 든 이들도 적지 않았다. 최인훈의 『광장』 속 이명준처럼 남과 북을 떠나 중립국으로 가기를 원하는 이들도 있었다.

아이젠하워의 미국 대통령 당선, 스탈린의 사망으로 휴전 협상은 급물살을 탔다. 이승만 대통령은 정전 반대 시위를 조직하고 반공 포로를 석방했다. 결국 휴전 협상에는 미군, 중국군, 북한 대표만이 서명했고 한국 대표는 서명하지 않았다.

휴전 협상으로 전쟁은 멈췄지만 전쟁이 남긴 상흔은 너무나 컸다. 수많은 이들이 목숨을 잃었다. 전쟁 초기 국민보도연맹에 가입했던 이들은 집단학살당했다. 국민보도연맹은 좌익 사상에 물든 사람들을 전향시켜 보호하고 인도한다는 취지에서 결성된 단체였다. 좌익 활동가들은 대부분이 잠적한 상태에서 이 단체에 가입한 사람들은 과거 좌익 활동을 했거나 관련이 없는 사람도 많았다. 한국전쟁이 일어나자 모든 국민은 남과 북 혹은 좌익과 우익 가운데 양자택일할 것을 강요받았고, 국민보도연맹원들은 북한군에게 유리한 활동을 할 수 있다고 판단되어 집단학살당했다. 남한 지역을 점령한 북한은 민주개혁이라는 이름하에 좌익 탄압에 앞장섰던 이들을 재판했고, 전선이 불리해지자 후퇴하며 수많은 정치범과 포로를 학살했다. 38선 이남을 수복한 국군은 북한군에 협조한 이들에 대한 보복에 나섰다. 한강 인도교가 폭파되기 전에 서울을 빠져나간 '도강파'가 서울에 남은 '잔류파'를 의심하는 일도 일어났다. 북진 이후 공산주의자에 동조했다는 혐의로 북한 주민들이 학살당했고 북한은 유엔군에 협조했거나 당원증을 버리고 도망간 이들을 처벌했다. 빨치산을 토벌하는 과정에서 인근 주민이 집단학살당하는 경우도 있었다. 전쟁이라는 특수한 상황으로 마을, 집안 혹은 개인 간의 갈등이 죽음에 이를 만큼 극단화되기도 했다. 학살당한 이의 가족은 오래도록 사회의 눈총을 받았다.

남한 정부는 청장년들을 국민방위군으로 편성했는데, 국민방위군 간부들이 예산을 횡령하는 '방산 비리'가 발생했다. 그 결과 무기, 의복 등을 제대로 갖추지 못한 군인들이 혹한 속에 추위와 굶주림으로 쓰러졌다. 미 공군의 폭격도 많은 희생을 불러왔다. 미 공군의 무차별 폭격은 북한의 도시와 산업 시설을 파괴했고 이 과정에서 많은 민간인이 학살되었다.

임시 수도 부산에서는 부산 정치 파동이 일어났다. 당시 이승만은 정부통령 선거를 직선제로 바꾸고자 했다. 국회에서 정부의 개헌안을 거부하자 이승만은 민의를 동원한 '관제 데모'를 실시하여 국회의원 소환 운동 등에 나섰다. 사태는 부산 일대의 계엄령 선포로 이어졌고 국회는 기립 표결로 발췌 개헌안을 통과시켰다. 발췌 개헌안의 주요 내용은 대통령과 부통령을 직선제로 선출하고 양원제로 국회를 운영한다는 것이었다.

부산 정치 파동을 지켜본 미국은 한때 이승만의 제거를 검토하기도 했다. 여기에는 'Plan EVERREADY' 즉 '언제든지 준비되어 있는 계획'이라는 이름이 붙기도 했다. 그러나 이승만 제거 계획은 끝내 실행되지 않았다. 대신 미국은 이승만을 대체할 정치 세력을 키우는 방향으로 정책을 바꾸었다.

한국전쟁은 6·25전쟁, 6·25남북전쟁, 항미원조전쟁 등으로도 불린다. 전쟁의 성격을 내전으로 볼지 국제전으로 볼지를 둘러싼 논쟁도 있다. 중요한 것은 이 땅에서 다시는 한국전쟁과 같은 일이 일어나지 않아야 한다는 점이다.

» 41 «

전쟁 이후 1950년대 남북한의 모습

한국전쟁 도중에 진행된 부산 정치 파동으로 이승만은 대통령에 당선되었다. 부통령 자리는 함태영이 차지했다. 부산 정치 파동의 주역은 이범석이었으나, 그는 자유당 중심에서 물러났다. 자유당 2인자 자리는 이기붕에게 돌아갔다. 그런데 현행 헌법은 대통령 중임을 한 번으로 제한하고 있었다. 이승만의 대통령 임기는 1956년이면 만료될 상황이었다. 이승만이 다시 대통령이 되기 위해서는 헌법을 고쳐야 했다.

1954년은 제3대 국회의원 선거가 예정된 해였다. 자유당은 당총재 이승만의 지시에 절대 복종하며, 당선되면 개헌을 지지하겠다는 서약서를 쓴 이들을 후보로 공천했다. 선거 결과 203석 가운데 자유당이 114석을 확보했다. 자유당은 초대 대통령의 중임 제한 폐지를 골자로 하는 개헌안을 국회에 상정했다. 개헌안은 한 표 차이로 부결되었다. 개헌안이 국회를 통과하기 위해서는 재적의원 203명의 3분의 2인 135.333…명의 찬성이 필요했다. 개헌안에 찬성한 의원은 135명이었다. 그러자 자유당은 135 이하 소수점 가운데 5 이상은 높이고 미만은 없애는 사사오입을 하면 135가 되므로 개헌안은 가결된 것이라는 해석을 내놓았다. 이들은 야당 의원이 총퇴장한 가운데 개헌안 부결 번복과 가결동의안의 통과를 선포했다.

사사오입 개헌은 이승만의 장기 집권 기반을 마련하면서도 한편으로 야당의 집결이라는 결과를 낳았다. '호헌동지회'라는 거대 단일 야당 결성을 위한 움직임이었다. 그러나 조봉암의 입당을 둘러싸고 이들은 분열되었다. 조봉암은 정부 수립 이후 초대 농림부 장관을 역임했는데 식민지 시기에 사회주의 운동에 참여했던 인물이었다. 조봉암을 반대한 이들은 1955년 9월 민주당을 결성했다. 조봉암은 따로 진보당추진위원회를 조직했다. 이렇듯 각 정치 세력은 1956년 대통령 선거를 향해 나아갔다.

자유당에서는 이승만과 이기붕, 민주당에서는 신익희와 장면, 진보당추진위에서는 조봉암과 박기출이 각각 정부통령 후보로 출마했다. 민주당과 진보당추진위는 선거 막판까지 단일화 작업에 들어갔으나, 5월 5일 신익희 후보가 기차 안에서 심장마비로 사망했다. 민주당에서는 신익희에 대한 추모 표를 권장하는가 하면 일부 인사들은 조봉암보다 이승만에게 투표하라고 발언하기도 했다. 그 결과 이승만이 504만 표로 조봉암 216만 표, 신익희 185만 표를 누르고 대통령에 당선되었다. 반면 민주당과 진보당추진위의 후보

단일화로 부통령에는 장면이 20만 표 차이로
이기붕을 앞서며 당선되었다.

이승만 대통령

비록 이승만이 다시 대통령 자리를 차지했
지만 1956년 대통령 선거가 야권에 시사하는
점은 컸다. 민주당은 부통령 자리를 확보했고
"못 살겠다 갈아보자"는 구호에 호응하듯 신
익희의 유세에 수많은 인파가 모여들었다. 뚜
렷한 정치적 기반도 없이 여야로부터 공세를
받은 조봉암은 이승만에 이어 216만 표를 받았다. 앞서 조봉암은
1954년 후보 등록 방해로 국회의원 선거에 등록하지 못했다. 그대
로 잊힐 수도 있었지만 조봉암은 1956년 대통령 선거로 다시 이름
을 날리기 시작했다. 하지만 그가 정치권에서 중요한 인물로 부각된
이상 그의 반대자들에 의한 모함과 탄압은 늘어날 수밖에 없었다.

1958년 국회의원 선거를 앞두고 조봉암과 진보당 관계자들은
간첩 사건과 연계된 혐의를 받기 시작했다. 평화통일론 주장은 북한
과 연결되었고 진보당은 불법 단체로 규정, 등록이 취소되었다. 1심
에서 조봉암은 5년, 다른 진보당 간부들은 무죄를 선고받았다. 1심
판결에 만족하지 못한 '반공 청년' 수백 명은 법원에 난입, "친공 판
사 유병진을 타도하자", "조봉암을 간첩죄로 처단하라" 등의 구호를
외치며 시위를 벌였다. 이후 2심과 3심에서 조봉암은 사형 선고를
받았고 재심이 기각된 다음 날 사형이 집행되었다.

'진보당 사건' 이후 치러진 1958년 국회의원 선거 결과 자유당

은 42.1%, 민주당은 34.2%를 차지했다. 민주당은 호헌선(護憲線)인 78석에서 한 명을 초과해서 당선시켰다. 민주당은 특히 도시 지역에서 선전했는데 서울 지역 16개 선거구에서 14석을 확보했다. '여촌야도(농촌은 여당에, 도시는 야당에 투표하는 현상)'의 경향으로 볼 수 있는데, 최근 연구에 따르면 이는 부정선거의 정도 차이에서 비롯된 것이었다. 이때부터 이른바 '보수 양당 체제'의 틀이 갖추어지기 시작했다.

정권 유지에 대한 초조와 불안 속에서 자유당은 국가보안법과 지방자치법 개정안을 내놓았다. 국가보안법 개정안은 "허위 사실을 적시 또는 유포하거나 사실을 왜곡하여 적시 또는 유포함으로써 인심을 혹란케 하여 적을 이롭게 한 자는 5년 이하의 징역에 처한다"는 언론 조항을 포함하고 있었다. 또 국가 기밀의 범위로 정치·군사적인 것뿐만 아니라 경제·사회·문화의 영역까지 포괄했고, 국가기밀이나 정보의 수집도 처벌의 대상이었다. 1948년 제정 당시 6개조에 불과했던 국가보안법은 전문 3장 40조, 부칙 2조의 개정안으로 확장되었다. 지방자치법 개정안은 시·읍·면장에 대한 선거 제도를 없애고 임명제로 하여 각급 지방자치단체장을 자유당 인사로 교체하려는 시도였다. 자유당은 경호권을 발동, 야당 의원들을 본회의장에서 끌어내 지하 식당과 다방에 감금하고 단독으로 2개 법안 등을 통과시켰다.

1950년대 북한에서는 김일성 중심의 권력 구조가 확립되고 있었다. 1953년 3월 박헌영, 이강국, 이승엽 등이 반국가·반혁명 간첩

혐의로 체포되었다. 박헌영은 1955년 12월 '조선민주주의인민공화국 정권 전복 음모와 미제국주의자들을 위한 간첩 행위'로 기소되었다. 최용건을 재판장으로 하는 최고재판소 특별재판은 박헌영에게 사형을 선고했다. 남로당파의 숙청이 개시되면서 김일성은 원수 칭호를 받고 제1인자로서의 위치를 확고히 굳혔다. 김일성 숭배 현상은 더욱 확대되었다.

1956년에는 중공업 우선 경제 정책과 개인숭배에 대한 반발로 김일성에 대한 비판이 제기되었다. 그해 2월 소련 공산당 제20차 당 대회에서 흐루쇼프는 스탈린의 개인숭배와 권력 남용 등을 비판했다. 이에 따라 동유럽의 거의 모든 나라에서 스탈린 비판의 움직임이 확대되었다. 김일성은 일단 개인숭배 경향이 당 내에 존재하고 있음을 인정하면서도 그 책임을 박헌영과 허가이에게 돌렸다.

6월 김일성이 소련의 초청을 받아 소련, 동유럽, 몽골 등을 공식 방문하는 일정에 나서자 반대파는 결집했다. 그러나 반대파는 김일성을 지지하는 당 중앙위원회와 인민들의 기세에 눌릴 수밖에 없었다. 소련과 중국의 개입도 상황을 바꾸지는 못했다. 소련 측이 얻은 정보에 따르면 1957년 7월부터 본격적으로 시작된 반대파 숙청으로 8월 말까지 68명이 체포되었다. 1957년 11월 모스크바에서 열린 세계공산당회의에서 마오쩌둥은 1956년 북한에 개입했던 것에 대해 사과했다. 이로써 북한은 '당의 일원적 지도 체계'를 갖추게 되었다.

» 42 «

이승만 정권을 무너뜨린 4·19 혁명

1960년 4·19 혁명은 3·15 부정선거가 직접적인 계기가 되어 일어났다. 정부통령 선거를 앞둔 이승만은 80세가 넘는 고령의 나이였다. 민주당 대통령 후보 조병옥이 선거 한 달 전 신병 치료를 위해 미국으로 출국했다가 사망하면서 그의 대통령 당선은 확실시되었다. 문제는 부통령이었다. 당시 헌법은 대통령 유고시 부통령이 대통령의 잔여 임기를 계승하도록 하고 있었다. 1956년 정부통령 선거에서 자유당은 민주당의 장면에게 부통령직을 빼앗긴 상태였다. 1960년 정부통령 선거 결과를 안심할 수 없던 자유당은 대대적인 부정선거를 자행했다.

1959년 11월부터 최인규 내무부 장관은 각 시와 도의 경찰국장, 경찰서장, 시장, 군수, 구청장 등을 불러 부정선거를 준비했다. 이들은 4할 사전 투표, 3인조 공개 투표, 선거 유권자 명부 조작, 야당 참관인 축출, 투표함 바꿔치기, 득표 수 조작 등 상상을 초월한 방법을 동원했다. 선거가 다가오자 여당은 학생들이 민주당 유세에 참여하지 못하도록 방해했다. 대구에서는 2월 28일 일요일에 민주당 유세가 있을 예정이었다. 당시 대구에 있던 각 고등학교는 시험, 운동 시합, 청소, 토끼 사냥 등의 이유로 학생들을 일요일에 등교하게 했다. 이에 분노한 고등학생들을 중심으로 시위가 일어났고, 이는 4·19 혁명의 출발을 알리는 신호탄이었다.

2월 28일 이후 시위는 대전, 서울 등에서 계속되다가 3월 15일 부정선거 당일 격화되었다. 이날 시위의 중심지는 마산이었다. 오전부터 민주당 마산시당은 선거 무효를 선언하고 시위에 나섰다. 선거 결과 대통령에는 이승만이 88.7%, 부통령에는 이기붕이 79%의 득표로 당선되었다. 시위는 민주당 간부들의 연행으로 잠잠해졌다가 밤이 되자 다시 불붙었다. 이날 경찰의 발포로 여덟 명이 사망했고, 200여 명이 연행되었다. 시위는 소강상태에 접어들었지만 마산에서 한 고등학생이 실종되었다. 그의 이름은 김주열이었다. 전북 남원이 고향인 그는 마산상고 입학을 앞두고 3월 14일 마산에 올라왔다.

4월 11일 아침 마산 앞바다에서 눈에 최루탄이 박힌 참혹한 모습의 시신이 떠올랐다. 김주열이었다. 당시 김주열의 어머니는 마산 시내 곳곳에서 아들의 행방을 수소문하고 있었다. 마산 시민들은 분노했다. 경찰서가 파괴되는 등 마산의 행정은 마비되었다. 상황이 이런데도 이승만 대통령은 시위의 배후에 공산당이 있어 조사하고 있다고 언급했다. 마산 시위는 전국으로 확산되었다. 4월 18일 고려

4·19 혁명

대학교 학생들은 서울에서 최초로 대학생 시위를 벌였다. 이들은 학교로 돌아오는 저녁에 깡패들의 습격을 받았다. 갈고리, 각목, 쇠망치 등으로 무장한 깡패들은 학생들을 폭행했다.

다음 날인 4월 19일 서울에 있는 대부분의 대학생들이 시위에 참여했다. 10만 명 이상의 군중이 모인 가운데 경찰은 발포를 시작했고 정부는 계엄령을 선포했다. 이날 하루에만 전국에서 100명이 넘는 사망자가 발생했다. 4월 19일의 시위는 '피의 화요일'로 불릴 만큼 많은 희생자를 낳았고 사건을 돌이킬 수 없게 만들었다. 4월 19일 주한 미국 대사 매카나기는 경무대(청와대의 이전 명칭)를 방문, 시위자들의 정당한 불만 해결을 희망한다고 밝혔다. 4월 23일 이기붕은 부통령 당선 사퇴를 고려하겠다고 발표했다. 다음 날 이승만은 자유당 총재직을 사퇴했다.

정부의 사태 수습 의지가 보이지 않자 4월 25일 서울 소재 각 대학교수 258명은 "학생의 피에 보답하라"는 플래카드를 앞세우고 시위에 나섰다. 이에 호응하여 시위에 참여하는 군중이 갈수록 늘어났다. "학원의 정치 도구화 반대", "부정선거 다시 하라"로 시작된 구호 속에 점차 "이승만 하야"라는 목소리가 커지기 시작했다. 군인들은 시위 진압에 소극적이었고 4월 26일 시위는 더욱 확산되었다. 결국 이승만 대통령은 "국민이 원한다면 물러나겠다"고 선언했다.

4·19 혁명은 이승만 독재 정권을 무너뜨린 혁명이었다. 남녀노소가 시위에 참여했고 이들은 사회 전체로 혁명의 분위기를 확산시켰다. 4·19 혁명은 독재 정권을 타도한 첫 번째 케이스로 이후 전개된 민주화운동에도 영향을 주었다. 4·19 혁명을 경험하며 자유, 민주주의 등의 가치가 비로소 정립되었고, 대학생들은 사회의 중요한 일원으로 인정받았다.

4·19 혁명은 단순한 사건이 아니었다. 1960년 4월 이전부터 지방에서 시위가 시작되어 4월 19일 서울을 위시한 전국으로 확산되었다. 따라서 4·19 혁명은 서울 중심의 용어라고 할 수 있다. 부정선거 외에도 미국의 원조 감소로 인한 경제 불안, 높은 교육열과 상반되는 현실 등이 4·19 혁명의 원인으로 작용하기도 했다.

대학생들이 본격적으로 참여하기 전에 시위를 이끈 고등학생과 도시 빈민층도 주목된다. 특히 도시 빈민층이 4·19 혁명에 적극 참여했는데 187명의 사망자 명단 가운데 품팔이, 구두닦이, 이발사와 같은 사람들이 높은 비중을 차지하고 있다. 이들은 누가 누구인지 구별하기 힘들 정도로 어두운 밤에야 자신들의 목소리를 낼 수 있었다. 도시 빈민층은 소등을 요구하거나 차량을 빼앗아 다른 지역으로 원정 시위를 가는 등 과격한 행동을 보이기도 했다. 이들과는 반대로 대학생들은 이승만이 하야를 발표하자 질서 회복을 강조했고, 지식인과 언론은 빈민층과 대학생에 대한 상반된 평가를 내놓았다. 이로써 대학생은 4·19 혁명 당시의 긍정적인 모습만 부각된 채 새로운 주역으로 다시 태어났다. 반면에 도시 빈민층은 제대로 그 역할을 평가받지 못했다. 가시적인 것 뒤에 숨겨진 이들의 노고를 기억해야 할 것이다.

» 43 «

제2공화국의 짧은 실험과 5·16 쿠데타

이승만 대통령은 물러났지만 4·19 혁명은 끝나지 않았다. 작게는 3·15 부정선거를 저지른 원흉을 처벌해야 했고 크게는 이승만 정권하에서 자행된 부정 축재 및 의혹 사건 등을 처리해야 했다. 혁명 과업을 향한 국민들의 열망은 컸고 정치권은 이를 잘 수렴해야만 했다.

이승만이 하야한 이후 대통령 권한대행 겸 과도정부 수반이 된 인물은 허정 외무부 장관이었다. 4월 23일 장면이 부통령직을 사임했고 4월 25일 허정은 외무부 장관에 임명되었기 때문이다. 허정 과도정부는 혁명에 소극적인 태도를 보였다. 당시 자유당 의원들은 국회의 과반수를 차지하고 있었다. 이에 국회를 해산하고 총선거를 실시하자는 주장도 있었지만 민주당은 선개헌 후선거 원칙에 동의했다. 이로써 자유당은 국회 내에서 협상력을 발휘할 수 있었다. 개헌이 이루어지기까지 자유당 의원들은 총사퇴하겠다며 민주당의 협조를 요구하기도 했다. 게다가 허정은 5월 3일 시정 방침을 발표하면서 반공 정책을 견실하고 확고하게 추진할 것이며 부정선거 처벌은 최소한으로 국한할 뜻을 밝혔다.

6월 15일 국회는 내각책임제 개헌안을 통과시켰다. 개헌에 따라 대통령의 권한은 줄었고 국무총리가 정치적 실권을 잡게 됐다. 국회는 민의원과 참의원의 양원제를 채택했고 정당 조항을 신설해서 '진보당 사건' 때처럼 정부가 정당을 해산하지 못하게 했다. 대법원장과 대법관은 선거인단을 통해 선출하게 했고, 헌법재판소가 상설기관이 되었다. 언론·출판·집회·결사의 사전 허가나 검열제를 폐지하고 국가보안법을 개정하는 등 국민의 기본권도 향상되었다. 그러나 부정선거 관련자와 부정축재자 등에 대한 처벌 조항은 헌법에 넣지 못했다.

개헌 이후 정치권의 향방은 총선으로 모아졌다. 총선거는 혁명과업을 누가 수행해나갈 것인지 결정하고 혁명의 성과를 제도화한다는 의미가 있었다. 총선에는 혁신계도 참여해 눈길을 끌었다. 혁신계는 자유당이나 민주당 같은 보수 정당과 달리 중립화 통일, 남북 교류 등을 주장했다. 그러나 유명 인사 중심으로 결성된 혁신계는 대중적 뿌리가 취약했고, 여러 진영으로 분열해서 입후보자를 냈다. 그 결과 총선은 민주당의 압승이었다. 민주당은 민의원 233석중 175석, 참의원 58석 중 31석을 얻었다. 혁신계는 민의원 6석, 참의원 2석을 얻는 데 그쳤다.

민주당은 선거에서 압승했지만 내부적으로 분열의 씨앗이 커져 가고 있었다. 이른바 민주당 구파와 신파의 갈등이었다. 각각 조병옥과 장면을 중심으로 한 구파와 신파는 1950년대 후반부터 이미 분열의 조짐을 보이고 있었다. 4·19 혁명이 일어났고 민주당이라는 간판이 선거에서 유리했기 때문에 총선까지는 분열하지 않았던 것이다. 그러나 선거 기간 분당론이 제기되고 구파나 신파 공천자 지역구에 신파나 구파 낙천자가 입후보하는 현상도 있었다. 선거가 끝나고 대통령에는 구파의 윤보선, 국무총리는 신파의 장면이 선출되었다. 장면은 신파 중심으로 내각을 구성했고, 구파는 분당해서 따로 신민당을 결성했다.

장면 정부는 '경제제일주의'를 내세웠다. 1961년도 신년 예산을 전년도와 비교해보면 영농자금은 67억 환이 증가한 87억 환이었고, 전력 개발은 231억 환이 증가한 286억 환, 광공업 부문은 46억 환이 증가한 147억 환, 중소기업 부문은 180억 환이 증가한 286억 환이었다. '경제제일주의'는 구체적인 '계획'으로 나타났다. 1961년 3월부터 시작된 국토개발사업은 경지정리, 제방, 관개 및 배수, 산림 녹화, 위생 시설, 도로, 교량, 지역 학교 건설과 함께 5개 댐의 건설로 30만 킬로와트(kW)의 전력 증강을 내용으로 한 야심에 찬 계획이었다. 국토개발사업에는 장준하를 비롯해 「사상계」 그룹이 핵심 인사로 참여하기도 했다. 사업을 이끈 국토건설본부는 국토건설 요원 2,066명을 공무원 신분으로 채용해서 전국의 읍면 단위로 파견했는데, 이는 고등고시를 제외한 공무원 공채의 실질적인 효시로 평가받기도 한다. 경제개발계획도 수립되었다. 경제개발계획은 1951년 인도, 1952년 중국, 1957년 북한에서 입안하고 추진한 상태였다. 이승만 정권에서도 1950년대 중반부터 장기적인 경제개발계획의 필요성이 강조되었다. 장면 정부의 경제개발계획은 5·16 쿠데타 직전인 1961년 5월 즈음 윤곽을 드러냈다.

민주당 정부는 부정선거 원흉 처단 등에 미온적이었다. 특별법을 통해 부정선거에 관여한 인물과 부정축재자들을 처벌하자는 목소리가 높았지만, 장면 총리는 현행법으로 충분하다는 입장이었다. 그러던 1960년 10월 8일 부정선거 사건 등에 대한 판결에서 많은 피의자들에게 가벼운 형벌과 무죄가 선고되었다. 이에 분개한 4·19 혁명 부상자들은 목발을 들고 의사당에 난입했다. 정부와 국회는 뒤늦게 '특별재판소 및 특별검찰부 조직법안', '부정축재처리 특별법안' 등을 마련했다. 그러나 경제계의 반대에 부딪힌 '부정축재처리 특별법안'은 개정을 거쳐 유명무실화되었고 1961년 5월 10일에야 시행령이 공포되었다. 특검은 250여 건을 입건했는데 그중 기소중지가 180여 건이었다.

4·19 혁명이 불러온 '공간'은 민주당 정부만의 소유물이 아니었다. 여러 분야에서 사회 운동이 일어났다. 1960년 4월 29일 대구시 교원노동조합 결성준비위원회가 조직된 이래 7월 말까지 교원노조는 전 교원의 25%에 해당하는 2만여 명의 회원을 확보했다. 교원노조 운동은 노동운동의 영역을 사무직과 정신노동자로 확대시켰다. 이승만 정권하에서 벌어진 여러 의혹 사건에 대한 진실 규명 요구

도 시작되었다. 1949년 암살된 김구에 대한 추모 사업과 진상 규명 운동이 벌어졌다. 한국전쟁 기간 집단학살당한 희생자 유족들도 나섰다. 1960년 5월 11일에는 거창 양민 학살 사건 당시 면장이었던 사람이 타살되어 불태워지기도 했다. 유족들은 경상도를 중심으로 유족회를 만들어 활동했다.

4·19 혁명기 활발했던 사회운동 가운데 통일운동도 빼놓을 수 없다. 1950년대 후반 냉전 질서는 기존의 군사적 대결에서 정치·경제적 경쟁을 중심으로 이행해갔다. 1959년 9월 소련 수상 흐루쇼프는 미국을 방문했다. 이런 변화된 환경 속에서 '중립화 통일론'이 논의되었다. '중립화 통일론'은 당시 제3세계에서 보편적으로 표방하던 탈냉전 중립주의의 영향도 받았다. 당시 미국과 소련 진영에 속하지 않은 아시아·아프리카의 여러 국가들은 독자적인 '제3의 세력'으로 국제사회에 진출하고 있었다. 이들 국가들은 유엔 총회 등에서 영향력을 행사했다. 북한도 4·19 혁명 이후 남북 경제 교류 및 협력을 강조하고 있었다.

이러한 상황에서 학생과 혁신계를 중심으로 통일운동이 진행되었다. 학생들은 민족통일연맹(이하 민통련)을 중심으로 활동했다. 서울대를 시작으로 민통련과 동일하거나 유사한 이름의 각종 통일운동 단체들이 각 대학에 결성되었다. 한편 혁신계는 민족자주통일중앙협의회(민자통)를 중심으로 통일운동에 나섰다. 이들은 한국 사회 모순의 근본 원인을 외세에 의한 민족 분단으로 파악했다. 통일운동 진영 간 차이도 있었다. 학생들은 '순수성'을 강조하며 민자통과 거리를 두었고, 중립화 통일을 주장하는 혁신계도 적지 않았다. 정부는 데모규제법과 반공특별법을 통해 통일운동을 저지하고자 했다. 이 법안들은 학생과 혁신계 주도의 '2대 악법 반대투쟁'을 불러온 끝에 무산되었다.

이처럼 4·19 혁명이 가져온 공간 속에서 여러 집단이 저마다 목소리를 내고 있었다. 겉으로 보기에는 분열하고 시끄럽게 싸우는 과정이었지만 이승만 정권하에서라면 표출되기 어려운 일이었다. 다양한 집단의 차이를 인정하는 '민주주의'적 실험이 자유롭게 진행되고 있었던 것이다. 학생들의 시위도 점차 줄어들고 있었다. 그러던 1961년 5월 16일 군부 쿠데타가 발생했다. 쿠데타를 일으킨 이들은 장면 정권이 무능하고 부패하다며 공격하고 나섰다.

» 44 «

군사정부에서 제3공화국으로

5·16 쿠데타에 대해 당시 한국 사회는 지지, 관망 등이 뒤섞인 다소 모호한 반응을 보였다. 적극적인 저항도, 적극적인 지지도 없었다. 쿠데타 세력은 스스로를 '혁명군', '혁명주체세력'으로 자칭하는 한편, 민주당을 비롯한 기존 정치권 인사들을 '구정치인'으로 명명하며 뚜렷이 대비시켰다.

쿠데타 세력은 국가재건비상조치법을 제정, 국가재건최고회의에 대한민국 최고 권력 기관으로서의 법적 지위를 부여했다. 이렇게 탄생한 국가재건최고회의는 입법, 사법, 행정을 아우르는 무소불위의 기관이었다. 국가재건최고회의 산하 기관으로는 수도방위사령부, 총무처, 공보실과 함께 중앙정보부가 있었다. 중앙정보부는 기성 정치인들과 반정부 성향의 학생 등 군사정부에 반대하거나 장애가 될 만한 사람들을 감시하고 탄압했다. 중앙정보부 산하 정책

5·16 쿠데타를
일으킨 박정희

연구실은 주요 법률안을 만드는 한편 민주공화당 창설 등 '민정 이
후'를 대비하고 있었다. 쿠데타 세력이 내세운 혁명 공약 6항은 "이
와 같은 우리의 과업이 성취되면 참신하고도 양심적인 정치인들에
게 언제든지 정권을 이양하고 우리들 본연의 임무에 복귀할 준비를
갖춘다"는 것이었다.

　군사정부는 '혁명재판'의 이름으로 전 정권의 중요 인물들이나
반대 세력 등 수백 명을 처벌했다. 쿠데타 직후 곧바로 시작된 예비
검속의 주된 목표는 4·19 혁명 이후 통일운동이나 피학살자유족회
등 사회운동에 몸담았던 사람들이었다. 쿠데타에 비협조적이거나
방해할 수 있는 이들은 반혁명·반국가의 이름으로 재판받았다. "반
국가단체인 이북 괴뢰집단의 활동을 고무 동조"했다는 이유로 민족
일보 사장 조용수는 처형당했다. 한편 군사정부는 사회 정화를 내세
우며 깡패 소탕, 병역 기피·축첩 공무원 해임 조치 등과 같은 모습

도 보여주었다.

박정희 최고회의 의장은 1963년 여름까지 정권을 이양할 의사를 비쳤다. 쿠데타 세력은 정치활동정화법을 통해 새로운 정치 질서를 만들어나갔다. 1962년 3월 16일 정치활동정화법이 공포되었다. 쿠데타 세력은 구정치인으로 분류한 4,369명에 달하는 정치인들의 정치 활동을 1968년 8월 15일까지 전면 금지했다. 이렇게 기성 정치인의 활동이 금지된 가운데 중앙정보부가 민주공화당 창당 작업을 밀어붙였다.

1962년 12월 26일 대통령 중심제, 국회 단원제 등을 골자로 한 제3공화국 헌법이 공포되었다. 전국구 비례대표제도 도입되었다. 득표율이 높은 제1당이 과반수 이하일 경우 2분의 1을, 과반수가 되면 3분의 2를 차지하는 제1당에게 유리한 제도였다.

1963년 선거에 이르는 길은 험난했다. 결국 보류하기는 했지만 박정희는 군정을 4년간 연장하겠다는 뜻을 밝히며 국민투표에 부치겠다고 발표했다. 중앙정보부가 자금을 확보하는 과정에서 '4대 의혹 사건'도 발생했다. 쿠데타 세력 내부의 갈등과 여러 차례의 '반혁명 사건'도 뒤따랐다. 순차적인 정치 활동 해금(解禁)과 민주당 구파와 신파의 갈등 등은 야권의 분열을 가져왔다. 지난한 과정을 거치며 1963년 대통령 선거는 박정희와 윤보선의 대결이 되었다.

박정희는 1963년 9월 23일 라디오 연설에서 이번 선거는 "민족적 이념을 망각한 가식의 자유민주주의 사상"과 "강력한 민족적 이념을 바탕으로 한 자유민주주의 사상"의 대결이라고 선언했다. 다음 날 윤보선은 "여순 반란 사건의 관계자가 정부에 있는 듯하다"고 대응했다. 두 후보의 선거전은 사상 논쟁으로 번져갔다. 박정희는 끊임없이 자신을 민족주의자로 호명했고 윤보선은 민족적 민주주의를 중립주의, 반미주의, 공산주의로 규정했다. "썩은 인간들이 정권을 다시 쥔다면 혁명이 또 일어날 것이다", "부산과 대구는 빨갱이가 많은 곳"이라는 '막말'도 뒤따랐다. 결국 박정희는 15만 표 차이로 대통령에 당선되었다. 뒤이은 국회의원 선거에서도 공화당은 175석 중 110석을 차지했다.

박정희 정권의 정책은 1964년부터 본격화되었다. 한국군이 베트남에 파병되었고, 한일회담의 진행과 이에 맞선 한일협정 반대운동이 정국을 흔들었다. 미국은 한미일 3각 안보 체제 강화와 방위비 분담을 위해 한일 국교 정상화를 강력하게 요구했다. 경제 부흥에 성공한 일본이 동아시아에서 군사적, 경제적 역할을 수행하기를 기대했던 것이다. 박정희 정권은 경제개발에 필요한 자금과 기술을 일본으로부터 들여오기 위해 한일회담에 적극적으로 나섰다. 1962년 김종필 중앙정보부장과 오히라 일본 외상은 회담에서 일본이 '무상 3억 달러, 유상 2억 달러, 민간 차관 1억 달러 이상'을 한국에 제공한다는 데에 합의했다. 그러나 저자세 외교와 밀실 논의에 대한 반발감이 학생들을 중심으로 확산된 끝에 한일협정 반대운동이 거세게 일어났다. 한일협정 반대운동이 절정에 달한 1964년 6월 3일, 결국 계엄령이 선포되었다. 해를 넘긴 1965년에도 한일협정 비준 반대운동은 계속되었지만 위수령 발동과 군인들의 대학 난입을 겪으

육군 맹호부대 장병 환송식이 1965년 10월 12일 서울 여의도 비행장에서 박정희 대통령을 비롯한 수많은 시민들이 모인 가운데 거행되었다.

며 한일협정은 체결되었다.

베트남 파병에 먼저 손을 내민 쪽은 한국이었다. 1961년 11월 14일 박정희는 "미국이 승인하고 원조한다면 한국은 베트남에 군을 파병할 수 있고, 만일 정규군을 원치 않는다면 의용군을 뽑아 보낼 수 있다"며 케네디 대통령에게 파병 의사를 보였다. 케네디의 뒤를 이은 존슨은 1964년 4월부터 '더 많은 깃발 정책(More Flags Campaign)'을 통해 베트남전쟁에 더 많은 동맹국을 참전시키고자 했다. 한국은 1964년 9월 이동 외과 병동과 태권도 교관 파견을 필두로, 1965년 3월 비둘기부대, 1965년 10월 청룡·맹호부대, 1966년 9월 백마부대를 파병하여 1973년 철수 시까지 8년 6개월간 베트남

전쟁에 참전했다. 베트남 파병의 경제적 효과에 힘입어 한국은 연평균 12%에 달하는 경제 성장을 기록했다. 그러나 베트남 파병은 한국이 미국에 예속된 국가라는 국제적 이미지와 학살, 고엽제 피해자 문제 등을 불러왔다. 베트남전쟁에 대해 세계적으로 반전 목소리가 제기될 때에도 한국에서는 이런 움직임을 찾아보기 힘들었다.

박정희 정권은 야당과 학생 중심의 한일협정 반대운동에 직면했으나 경제 성장에 힘입어 1967년 대선과 총선에서 승리했다. 대통령 선거에서는 또다시 박정희와 윤보선이 맞붙었다. 박정희는 윤보선을 116만여 표 차이로 따돌렸다. 박정희는 대선 한 달 후에 예정된 총선을 적극적으로 지원했다. 전국을 순회하며 지역 개발 공약을 내놓았다. 선거 결과 공화당은 전체 의석의 74%를 차지했다. 그러나 총선은 '막걸리 선거', '돈 선거'라 불렸으며 266건의 선거 소송이 제기되었다. 학생을 중심으로 한 부정선거 규탄투쟁으로 전국이 들끓었다. 이 무렵 중앙정보부는 교수, 학생 등 194명이 관련된 '동백림 간첩단 사건'을 발표했다.* 일곱 차례에 걸쳐 지속적으로 발표된 동백림 사건은 사람들의 관심을 부정선거 문제에서 간첩 문제로 집중시켰다. 하지만 동백림 사건의 최종 판결에서 간첩죄가 인정된 사람은 한 명도 없었다.

---

* 동백림 사건은 중앙정보부가 유럽에서 활동하던 음악가 윤이상, 화가 이응로 등 194명을 체포해 발표한 간첩단 사건으로, 당시 검찰은 윤이상 등 6명에게 사형, 이응로 등 4명에게 무기징역을 구형했지만 독일 등 서방 국가의 거센 항의에 밀려 이들을 전원 석방했다.

» 45 «

경제 성장의 빛과 그림자

제1·2차 경제개발 기간 동안 한국 경제는 연평균 9.9%라는 높은 경제성장률을 기록했다. 1962년에서 1971년 사이 연평균 제조업은 18.5%, 사회간접자본 및 기타 서비스업은 11.1% 성장했다. 도시로 몰린 이농 인구는 새롭게 창출된 일자리에 합류했다. 1970년대에도 성장은 계속되었다. 1970년 포항제철 기공식이 열렸고, 경부고속도로가 개통했다. 1970년부터 1979년 사이 경제성장률은 연평균 10.47%에 달했다. 1964년 수출 1억 달러를 넘어선 지 13년 만인 1977년에는 수출 100억 달러를 기록했다.

이러한 '산업화'의 성공 요인으로는 미국의 지원, 경제개발계획의 입안과 추진, 청구권 자금*과 베트남 파병으로 유입된 외화, 풍부

---

* 청구권 자금이란 1965년 한일협정 타결 이후 1966년부터 10년 동안 일본으로부터 무상 공여(3억 달러), 유상 자금(2억 달러), 민간 차관(3억 달러) 형태로 받은 돈을 가리킨다.

한 인적 자원과 산업예비군 등이 제시된다. 하지만 수치로 기록된 경제성장의 이면에는 그림자가 짙게 깔려 있었다.

'고도성장의 시대'로 불린 1970년대 초엽 전태일은 온몸에 석유를 끼얹고 불을 붙인 채 "근로기준법을 준수하라", "우리는 기계가 아니다. 일요일은 쉬게 하라" 등의 구호를 외치다 쓰러졌다. 스물두 살의 전태일은 병원으로 옮겨진 그날 밤 사망했다. 그는 노동 환경 개선을 위해 '바보회'를 만들고, 노동 실태에 대한 설문 조사를 하고, 노동청 등을 찾았으나 그의 희망은 실현되지 못했다. 전태일의 죽음을 계기로 학생들은 노동 문제, 민중에 관심을 기울이게 되었다. "내 죽음을 헛되이 하지 말라"는 전태일의 유언은 분노와 각성의 계기로 작용했다.

1971년에는 '광주대단지 사건'*이 일어났다. 1968년 서울시는 오늘날 성남시에 해당하는 '광주대단지'에 인공 도시를 만들 계획을 세웠다. 당시 본격적으로 들어오기 시작한 외국인 관광객을 맞이하기 위해 주요 철도역 주변을 말끔히 정리하라는 박정희의 지시에 따라, 무허가 건물을 철거하고 철거민들을 '광주대단지'로 보내는 일이 시작되었다. 서울시는 "인구 10만 명만 모아놓으면 어떻게해서든 뜯어먹고 산다"는 발상을 가지고 있었다. 변변한 건물도 없던 '광주대단지'로 강제 이주된 이들은 천막이나 토막집에서 생활해야 했다. 전기와 수도가 없어 호롱불로 불을 밝히고 냇물을 길어다

• 8·10 성남(광주대단지) 민권운동으로 명칭이 변경되었다.

광주대단지 사건

가 쌀을 씻고 야산의 나무를 베어다 밥하는 지경이었다.

이들의 불만은 '광주대단지 사건'으로 폭발했다. 광주대단지에는 다양한 집단이 존재했지만 3만에서 5만 명에 달하는 인원이 궐기 대회에 참여했고 이후 파출소, 성남사업소 등을 파괴, 방화하는 등 무차별적인 공격이 감행되었다. 궐기 대회가 봉기로 발전하고 차량을 이용해 서울로 진출할 기미가 보이자 서울시장, 내무부 장관, 법무부 장관은 주민들의 요구를 받아들이기로 결정했다.

'광주대단지 사건'이 일어난 해에 베트남에 파견되었던 기술자들은 칼(KAL)빌딩을 점거하고 방화했다. 사건의 발단은 한진 그룹과 노동자들 사이의 미불 임금에 대한 갈등이었다. 노동자들은 전장과 일상이 명확히 구분되지 않는 베트남에서 장기간 노동에 시달렸다. 한진은 임금을 초과근무수당까지 포함한 포괄적인 것으로 제시한 반면 노동자들은 근로기준법에 따른 수당을 요구했다. 노동자들은 미국과 한진이 체결한 계약액이 1인당 1천 달러 이상이었으나 그중 절반 정도만 받을 수 있었다고 문제를 제기하기도 했다. 방화

다음 날 한진 측은 해명서를 내고 시위 참가자를 "일확천금에 망상을 지닌 자" 등으로 비난했다. 칼빌딩 농성자 중 63명은 유죄, 이들 중 13명에게 징역 1~5년이 선고된 반면 한진 측은 이렇다 할 제재를 받지 않았다.

미군기지 주변 '기지촌'의 존재도 빼놓을 수 없다. 5·16 이후 군사정부는 외국인 대상 유흥업을 정책적으로 지원했다. 기지 내 미군이 지출하는 달러를 흡수하기 위해서였다. 한국으로 파견된 미군은 10대 후반이거나 20대 초반의 독신 남성들이었다. 이들은 한국에 주둔하며 매매춘을 일상적으로 경험했다.

1970년 국회에서 경제기획원 장관이 발언한 바에 따르면 미군 주둔으로 확보했던 외화는 대한민국 전체 수출액의 20%에 가까웠다. 1973년 6월 문교부 장관은 매매춘을 애국적 행위라고 장려했다. 그러나 정부는 기지촌을 한국 사회로부터 분리된 '특정 지역'으로 규정했다. 기지촌은 범죄, 일탈, 비정상 등과 연결되었고 정화의 대상으로 여겨졌다. 기지촌 정화운동으로 체계화된 검진·수용·치료 제도는 여성들의 건강보다는 미군의 건강을 우선시하는 것이었다. 성병에 걸린 것으로 의심되는 여성들은 '몽키하우스'라고 불린, 온통 철책으로 가려진 건물로 끌려가서 주사를 맞았다. '깨끗한' 여성임을 증명해야 했기 때문이다.

» 46 «

데탕트와 유신: 세계와 한국(1)

한국 현대사는 10년을 기준으로 시기를 구분하는 경향이 있다. 1950년대, 1960년대라는 식으로 말이다. 그렇다면 1961년 5·16 쿠데타로 시작, 1979년 10월 26일까지 이어진 박정희 체제는 어떻게 나눌 수 있을까? 구분법 중 하나는 헌정의 변화를 기준으로 삼는 것이다. 예를 들어 유신 체제는 1972년 유신헌법 선포로부터 박정희 대통령이 사망하는 1979년까지의 정치 체제를 가리킨다. 이러한 분류는 시대상을 파악하는 데 어느 정도 도움을 주지만 전후 연속과 단절을 고려하지는 못한다. 유신 체제를 이해하기 위해서는 이전 시기를 염두에 두어야 한다.

1960년대 말은 한국전쟁 이후 남북의 군사적 충돌이 가장 빈번했던 시기이다. 비무장지대에서 일어난 남북한 사이의 교전은 1965년과 1966년 한 해 30~40건에 불과했지만 1967년 400건을

생포된 김신조

넘어섰다. 1968년 북의 대남 무장 침투 및 공격 사건은 573회에 달했다. 남북 충돌의 원인은 베트남전쟁과 북한의 내부 상황에 있었다. 남한이 베트남에 군대를 파견하자 북한은 베트남을 돕기 위해 대남 무력 공세를 강화했다. 한반도를 '제2 전선'으로 삼아 국군의 추가 파병을 막고, 미군의 힘을 분산시키는 전략이었다. 내부적으로도 북한에서는 군부 강경파 세력들이 목소리를 내기 시작했다.

이러한 변화는 1968년 두 사건으로 명확하게 드러났다. 1월 21일 자신들을 방첩대 요원이라고 밝힌 버버리코트를 입은 31명이 창의문 근처에 나타났다. 북한의 무장 간첩들이었다. 청와대 근처에서 교전이 벌어졌고 무장 간첩들은 사살되거나 도주했다. 무장 간첩으로 생포된 김신조는 남파 목적을 묻는 기자들의 질문에 "청와대를 까러 왔수다"라고 대답했다. 1월 23일에는 승무원 83명을 태운 미국의 첩보함 푸에블로호가 북한에 나포되었다. 미국은 소련과 접촉하는 한편 북한과 판문점 비밀 회담을 가졌다. 두 사건은 베트남 파병으로 밀월 관계를 유지하던 한국과 미국 사이의 갈등 요인으로 작용했다. 한국의 관리들과 군 장성들은 유엔군 사령관과 미국 정부가 1·21 사태가 일어났을 때는 별다른 조치를 취하지 않다가 푸에블로호가 나포되자 당장 전투기를 보내오는 등 현저하게 차별적 대응을 한 데 분개했다. 북한에 대한 강력한 보복을 주장해오던 박정희 대통령은 이즈음부터 '자주 국방', '국방의 주체성' 등을 강조하기 시작했다.

이에 따라 박정희 정권은 대내적으로 '병영 사회'를 구축해나갔다. 1·21 사태와 푸에블로호 나포 사건이 일어난 1968년 4월 '향토예비군'이 창설되었다. 이듬해인 1969년에는 고등학교와 대학교에서 교련 교육이 실시되었다. 한국인들은 군대에 가기 전 학교에서부터 군대식 훈련과 훈육을 받아야 했다. 그 결과 엄격한 규율과 복종, 획일화, 국가에 대한 충성 등을 내용으로 하는 군사주의가 더욱 강화되었다. 1968년에 실시된 주민등록증 제도는 이를 뒷받침했다. 모든 국민은 성인이 될 즈음 손가락 지문을 채취하여 주민등록증을 발급받아야 했다. 국민을 대상으로 한 국가의 전방위적 감시와 통제는 일상화·내면화되었다.

이와 함께 박정희 정권은 장기 집권을 위한 초석을 다지고 있었다. 제3공화국 헌법에 따르면 대통령은 한 번은 중임할 수 있었다. 박정희는 1963년과 1967년 두 차례에 걸쳐 대통령 선거에서 승리해 더는 대통령에 출마할 수 없는 상황이었다. 이에 여당인 공화당에서 개헌 논의가 시작되었고, 1969년 9월 14일 대통령의 재임을 3기로 제한한다는 내용의 개헌이 이루어졌다. 야당과 학생들을 중심으로 3선 개헌 반대 투쟁이 제기되었지만 공화당은 야당이 농성

중인 본회의장을 피해 국회 제3별관에서 개헌안을 통과시켰다.

이처럼 한반도에서는 남북 갈등이 첨예해지고 있었지만 1969년 닉슨 행정부가 출범하며 미국과 중국은 관계 개선을 시도했다. 중국은 베트남에 있던 지원 부대를 철수시키기 시작했고, 미국은 중국에 대한 여행과 무역 제재를 일부 완화했다. 1969년 7월 닉슨 대통령은 "동맹국 안보에 대한 책임은 일차적으로 해당 국가 자신에게 있다"는 원칙을 천명했다. 1971년 10월 중국은 대만을 대신하여 유엔 안보리 상임이사국 권리를 획득했으며, 1972년 2월 닉슨 대통령이 직접 중국을 방문하면서 동서 화해 분위기는 한껏 고조되었다.

한국은 이러한 데탕트 분위기 속에서 주한 미군 철수 등을 걱정하면서도 남북 관계 개선을 모색하기 시작했다. 1971년 대통령 선거에 출마한 김대중 후보는 주변 4대국에 의한 한반도 안보 보장, 남북 교류, 향토예비군 폐지 등을 공약으로 내세웠다. 박정희 정권

___

데탕트란?

데탕트(détente)는 '긴장을 풀다'라는 뜻의 프랑스어 데탕드르(détendre)에서 나온 단어이다. 국제 정치에서 데탕트는 세계 질서가 미국과 소련이라는 양극 체제에서 다극적인 국제 질서로 재편되는 과정에서 발생한 냉전의 특수한 국면을 가리킨다. 데탕트는 미국과 중국의 공식 외교 관계 수립뿐만 아니라 미국과 소련의 관계 개선, 유럽 내에서의 새로운 움직임 등으로 나타났다. 남한과 북한의 최고 지도자와 정부는 데탕트 국제 정세를 '위기' 상황으로 규정, 이를 극복한다는 명분으로 최고 지도자에 권력을 집중하고 국가 통제를 강화했다.

에서도 대북 정책의 변화 조짐이 나타났다. 1970년 8·15 선언 작성 과정에서 남북 교류 등이 논의되었고, 12월 이후락이 중앙정보부장에 취임하면서 남북 관계에 대한 정책 마련에 착수했다. 대통령 선거 결과 박정희가 다시 한번 당선되었으나 한 달 후 치러진 총선에서 야당인 신민당은 89석을 확보, 단독으로 임시 국회를 소집할 수 있는 의석 수를 확보했다.

남북은 적십자 회담을 시작으로 계속 접촉하고 있었다. 1972년 5월 2일 이후락 중앙정보부장은 비밀리에 평양을 방문, 김일성과 두 차례 회담을 가졌다. 북한의 제2부수상 박성철도 5월 29일 남한을 방문하여 박정희 대통령과 회담했다. 남북 관계의 진척은 1972년 7월 4일 서울과 평양에서 남북공동성명서가 동시에 발표되는 결과를 낳았다. 이를 통해 자주, 평화, 민족적 대단결이라는 통일 원칙이 천명되었다. 그러나 남북 대화가 긍정적인 결과만을 의미하지는 않았다. 충분한 논의 없이 남한에서는 소수의 인물을 중심으로 남북 대화가 진행되었고, 북한은 통일 원칙이 김일성 통일 노선의 승리라고 선전했다. 미국과 중국은 남북 분단 문제가 국제적인 차원에서 한반도화·내재화된다는 점에서 남북공동성명을 환영했다. 분단의 한반도화·내재화 과정은 분단을 유지하는 주된 책임과 부담이 남북한에 전가되는 것을 의미했다.

남북한은 모두 헌법을 수정하며 독재 체제로 나아갔다. 1971년 10월 15일 남한에서는 위수령이 선포되어 1,899명의 학생이 연행되었다. 12월 6일에는 박정희 대통령이 국가비상사태를 선포했다.

이날 국회에 제출된 '국가보위에 관한 특별조치법'에는 대통령에게 언론을 제약할 수 있는 권한과, 노동자의 단체교섭권과 단체행동권을 무력화하는 조항 등이 포함되었다. 1972년 10월 17일 박정희 대통령은 비상계엄령을 선포하고, 특별선언을 발표했다. 국회를 해산하며 비상국무회의가 헌법 일부 조항의 효력을 대행하고 새로운 헌법개정안을 확정하여 헌정을 정상화한다는 내용이었다. 개헌안은 통일주체국민회의 대의원을 통한 대통령 간접선거제, 국회의원 3분의 1에 대한 사실상 대통령의 지명권, 대통령에 국회해산권 및 거의 무제한적인 긴급조치권 부여 등 권력을 대통령 한 사람에게 집중시키고 실질적으로 박정희의 영구집권을 보장하는 내용이었다. 대통령 임기는 6년으로 재임 제한이 없었으며 국회의 국정감사권, 대통령 탄핵권은 박탈당했다. 계엄령이 내려진 가운데 개헌안에 대한 국민투표가 시행되었고, 통일주체국민회의는 박정희를 대통령으로 선출했다. 비슷한 시기 북한에서는 사회주의 헌법을 정식으로 채택하여 주체사상과 유일 체제를 제도적으로 확립했다. 이즈음 김일성의 후계자로 김정일이 주목받기 시작했다.

» 47 «

청년 문화와 대중문화의 확산

문화는 기성세대와 젊은 세대의 차이를 분명하게 보여주는 지점 중 하나이다. 물론 복고 열풍이 불고 기성세대가 신조어를 쓰기도 하지만 역설적으로 이러한 현상은 두 세대의 간격이 그만큼 크기 때문에 일어나는 것이다. 다른 세대의 문화가 신선하게 느껴지고 이를 향유함으로써 거리를 좁히려고 시도하기 때문이다. 이런 노력에도 불구하고 '세대 차이'는 느껴지게 마련이다. 1970년대에도 문화를 둘러싼 '세대 차이'가 있었다.

1960년대 경제 성장은 새로운 문화가 도입되는 기반으로 작용했다. 1965년 22만여 대에 불과하던 전화는 1975년 117만여 대로 늘어났다. 1964년 3만여 대에 머물렀던 텔레비전도 1975년 180만 대로 증가했다. 1969년 연간 커피 125억 잔, 하루 평균 맥주 24만 병이 소비되기도 했다.

이 시기 대중은 적극적으로 라디오와 텔레비전을 소비했고 서구 문화의 영향을 받았다. 통기타, 청바지, 생맥주는 새로운 문화의 상징이었고 포크송, 장발, 미니스커트 등이 유행했다. 새로운 대중문화에 적극 호응한 사람들은 청년과 청소년이었다. 청소년들은 신청곡과 사연을 편지, 엽서, 전화 등을 통해 심야 라디오 방송에 보냈다.

정부는 새로운 문화를 비생산적인 퇴폐로 몰아갔다. 박정희 대통령은 "주말에 교외로 나온 젊은이들이 땀 흘려 일하고 있는 농민들 옆에서 고성방가하고 고고춤을 추는 등 한때나마 농민들의 의욕을 저상시키고 있는 것은 용납할 수 없다"고 말했다. 정부는 사회질서를 문란하게 만드는 퇴폐적인 요소를 제거하고 대중문화를 활용해 국가에 충성하는 주체를 만들고자 했다. 1971년 12월 국가비상사태 선포 이후 텔레비전 황금시간대에 방영되던 통속극은 '국난극복', '민족정기'를 보여주는 국책 드라마로 대체되었다. 1977년 10월에는 대중에게 악영향을 끼친다는 이유로 방송사에서 텔레비전 코미디 프로그램을 폐지하기도 했다. 언론에서는 노출, 혼숙 등 청년문화가 풍기문란을 유발한다고 강조했다.

대중문화에 대한 정부의 통제는 지금 기준으로 보면 황당한 경우가 많았다. 하길종 감독의 영화 「바보들의 행진」은 "서울 거리에 가난한 사람이 보여서는 안 된다"는 이유로 검열에 걸렸다. 김추자의 노래 「거짓말이야」는 저속한 창법을 사용하고 그 가사가 불신 풍조를 조장한다는 이유로 금지곡 처분을 받았다. 송창식의 「고래사냥」은 '고래'가 집권자를 상징한다고 해석되어 금지 처분을 받았다.

김세화의 「나비소녀」는 작곡가 송창식이 예비군 훈련에 참여하지 않았다는 이유로 금지곡 판정을 받았다. 신중현과 엽전들의 「미인」은 대학생들이 그 가사를 "한 번 하고 두 번 하고 자꾸만 하고 싶네"로 바꿔 부르며 박정희 대통령의 삼선 개헌과 유신헌법을 조롱하자 금지곡이 되었다.

이 시기 정부가 대중문화를 통제한 이유는 문화에 담긴 '자유' 때문이었다. 박정희 체제는 대학생들의 저항을 맹목적이고 몰지각한 서구 추종으로 몰아세우려 했다. 당시 10월 유신의 모토인 '한국적' 민주주의처럼 박정희 체제는 서구와는 다른 전통적인 의미의 가치를 추구하고 있었다. 시끄러운 '서울 국회'를 대신해서 협조적이고 정신적인 '농촌'이 떠오르고 있었다. 1975년 금지곡으로 지정된 노래는 방송 출연 금지를 넘어 아예 음반 판매가 금지되었다.

그런데 정부의 탄압이 곧 대중문화의 저항성을 입증하는 것은 아니었다. 1974년 청년문화를 둘러싼 논쟁에서 대학생들은 '버터에 버무린 깍두기', '딴따라패', '도깨비문화'라며 청년문화를 비판했다. 한국의 대중문화는 서구의 소비문화를 모방할 뿐 비판 정신이 결여되었다는 지적이었다. 대학가에서는 퇴폐 반대 시위가 일어나기도 했다. 통기타, 청바지, 생맥주는 피상적인 오락일 뿐 한국의 청년 세대는 국가와 민족의 장래를 생각하며 미래의 희망에 불타 있다는 주장이 신문에 실리기도 했다. 대중문화에 대한 대학생들의 부정적 반응은 1980년대 이후로도 이어졌다. 당시 운동권 학생들은 콜라를 '미 제국주의의 똥물'이라고 불렀다.

이처럼 대중문화는 정권에 저항하는 학생들과 곧장 연결되는 것은 아니었다. 그러나 학생들은 노래 가사를 바꿔 정부를 풍자하기도 했다. 미국의 포크가수 조안 바에즈의 원곡을 번안한 「우리 승리하리라」는 1970년대 한국의 학생운동과 기독교 사회운동 진영에서 널리 불렸다. 가시적인 행동이 아니더라도 자신이 좋아하는 코미디 프로그램이나 음악을 향유하는 것은 문화적 획일화에 우회적으로 저항하는 행위일 수 있었다. 정권의 통제와 검열 속에서도 대중은 그렇게 자신들의 욕망을 표출하고 있었다.

오늘날에도 대중문화는 한국 사회의 뜨거운 화두다. 얼마 전까지 소셜네트워크서비스(SNS)를 사용하는 주된 층은 젊은 세대였다. 이들은 SNS를 통해 맛있는 음식과 여행을 뽐냈다. SNS 중독, 자기과시 등의 비판이 있었지만 대중은 실시간으로 정보를 공유할 수 있는 SNS의 특성을 활용해서 자신들의 주장을 펼치기도 했다. 이제는 중장년층 이상도 SNS를 이용하고 정치권에서도 파급력을 인식하고 적극적으로 활용하고 있다. 이처럼 대중문화는 이용하는 사람의 인식에 따라 다양한 모습으로 나타난다.

» 48 «

데탕트와 유신: 세계와 한국(2)

유신 시대는 지배자를 정점에 두고 국민 단결을 제창하는 시대였다. 장발 단속이 상징적으로 보여주는 것처럼 유신 체제는 국민의 일상을 규율하고 통제함으로써 지배에 순응하는 주체를 창출하고자 했다. 그러나 유신 체제는 내적인 모순과 역설을 포함하고 있었다. 비민주적 강압에 의존한 유신 체제는 '한국적 민주주의'를 통해 자신을 정당화했다. 유신 체제의 표적이었던 대중은 순응하면서도 일탈하고 저항했다.

  1973년 상반기까지 공개적으로 유신 체제를 부정하거나 비판하고 민주적 개헌을 요구하는 움직임은 드물었다. 그러던 1973년 8월 중앙정보부(중정)가 미국과 일본에서 적극적으로 반유신 활동을 전개하고 있던 김대중을 도쿄에서 강제로 납치하는 사건이 벌어졌다. 중앙정보부 요원들은 8월 8일 김대중을 납치하여 결박한 채로

중정의 공작선에 싣고 한국에 돌아왔다가 13일 밤 동교동 자택 부근에 풀어주고 사라졌다. 이 사건은 한일 관계와 국제 여론을 악화시켰고, 반유신 시위를 격화시켰다. 학생들의 시위를 시작으로 장준하·백기완 등 재야의 '개헌 청원 백만인 서명 운동', 기자들의 언론 자유 수호 투쟁이 뒤따랐다. 박정희 정권은 1974년 1월 8일 개헌 서명 운동을 전면 금지하는 긴급조치 1호를 선포하며 대응했다. 이에 따라 유신 헌법에 반대하는 경우 영장 없이 체포·구속하여 비상 군법회의에서 15년 이하의 징역에 처했다.

1974년 4월 3일에는 긴급조치 4호가 선포되었다. 박정희는 "민청학련이라는 불법 단체가 불순 세력의 배후조종하에 그들과 결탁하여, 인민혁명을 수행하기 위한 지하 조직을 형성하고 반국가적 불순 활동을 전개하기 시작하였다"며 긴급조치 4호 발동의 이유를 밝혔다. 중앙정보부는 서도원, 도예종 등이 '인민혁명당'을 재건하여 대구와 서울에서 반정부 학생운동을 사주했다는 수사 결과를 발표했다. 인혁당 관련자 일곱 명과, 민청학련 관련자 중 인혁당과 직접 연결된 여정남은 대법원 상고가 기각된 다음 날 새벽 사형당했다. 판결 18시간 만에 사형이 집행된 4월 9일은 제네바 국제법학자협회에 의해 '사법사상 암흑의 날'로 규정되었다.

여러 차례의 긴급조치와 정권의 탄압에도 반유신 운동은 계속되었다. 운동은 야당·재야·종교·노동·농민 등 각 분야에서 다양하게 전개되었다. 1974년 7월 지학순 주교 구속을 계기로 발족한 천주교 정의구현전국사제단은 기도회를 통해 시국에 관한 선언문을 발표했다. 1974년 10월에는 자유언론실천운동이 시작되었다. 동아일보를 시작으로 여러 신문사와 방송사의 기자들은 언론 자유와 언론에 대한 외부의 간섭 배제 등을 결의했다. 이에 박정희 정권은 광고주들에게 압력을 넣어 동아일보에 광고를 싣지 못하도록 만들었다. 광고주들의 해약으로 동아일보가 광고 면을 백지로 발행하자, 이를 격려하는 수많은 시민들의 광고가 들어왔다. 그러나 동아일보사는 신문과 방송 기자와 PD들을 해직시켰다. 강제 해직된 이들은 '동아자유언론수호투쟁위원회'를 결성하여 투쟁을 계속했다.

1975년 5월 13일 박정희 정권은 긴급조치 9호를 발동시켰다. 긴급조치 9호에 따라 권력자의 비위에 거슬리기만 하면 언제라도 영장 없이 체포·구금될 수 있었고, 언론 봉쇄로 인해 누가 그러한 부당한 처우를 받게 되었는지조차 알 수 없게 되었다. 긴급조치 9호는 박정희가 사망할 때까지 4년 6개월 동안 유지되었다. 긴급조치 외에도 대학 내에 학도호국단을 부활시키고 민방위기본법을 제정하여 국민을 동원하고 군사교육을 통해 반공주의 및 국가주의 담론을 주입했다. 또 충효 교육을 통해 국민들이 민족을 가족으로, 대통령을 가부장제의 수장으로 인식하도록 만들고자 했다.

긴급조치 9호로 인한 강압적 분위기도 민주화를 향한 열기를 막지는 못했다. 1976년 3·1 민주구국선언, 1978년 동일방직 사건과 함평 고구마 사건 등이 발생했다. 민심의 이반은 1978년 12월 국회의원 선거에서 표출되었다. 제10대 국회의원 선거에서 야당인 신민당은 공화당보다 1.1% 많은 득표율을 기록했다. 또 1976년 미국 대통령에 당선된 카터는 주한 미군 철수와 인권을 강조하고 있었다. 이즈음 밝혀진 미국 의회에 대한 불법 로비 스캔들인 박동선 사건은 한미 관계 전반에 부정적으로 작용했다. 미국 의회는 프레이저 의원이 이끄는 국제관계 소위원회에 사건의 진상을 조사하라고 지시했다. 전 중앙정보부장 김형욱은 프레이저위원회에 증인으로 나와 박정희 정권의 내부 비리를 폭로했다. 2년 후 파리에서 그는 중앙정보부 요원들에게 납치되어 실종되었다.

경제적 상황도 박정희 정권에 부정적으로 작용했다. 1972년부터 시작된 제3차 경제개발 5개년 계획 기간 한국 경제는 연평균 11%의 성장률을 기록했다. 중화학 공업이 강조되었고, 1977년 수출 100억 달러를 달성했다. 그러나 저임금 구조를 유지하기 위해 노동자의 권리는 제약을 받고 있었다. 게다가 세계 경제 불황과 석유 파동으로 한국의 경제성장률은 1979년 6.4%, 1980년 5.7%로 격감했다. 특히 수입 원자재의 가공 무역에 의존하던 마산과 부산 지역 제조업계는 경제 상황 악화의 시련을 가장 직접적이고 혹독하게 치렀다.

이런 상황 속에서 1979년 YH 사건이 일어났다. YH무역은 가발 산업을 통해 급성장한 회사였는데, 1977년경부터 부분적으로 라인을 정리하면서 본 공장을 정리하려고 시도하고 있었다. 끝내 사측은 일방적으로 폐업을 공지했고, 노조는 회사의 정상화를 쟁취하기 위한 투쟁에 들어갔다. 기숙사에서 농성하던 노동자들은 단전 및 단수 조치와 강제 해산 시도에 맞서 신민당사로 향했다. 노동자들이 신민당사에 들어감으로써 이 사건은 정치화되어 신문에 보도되었고, 신민당은 당사 주변 경찰의 철수 등을 요구했다. 하지만 경찰은 신민당사에서 농성 중이던 YH 여공들을 강제 해산, 연행하려 했고, 이 과정에서 현장에 있던 국회의원과 신문기자들도 구타·폭행당했다. 김경숙 노조 대의원은 왼쪽 팔 동맥이 절단되고 타박상을 입은 채 발견되어 병원으로 옮겨졌으나 숨을 거두었다.

1979년 10월 4일 유정회와 공화당 소속 의원들은 신민당 당수였던 김영삼을 국회의원 직에서 제명했다. 이들은 「뉴욕타임스」에 실린 김영삼의 기자회견 내용을 문제 삼았다. 이 회견에서 김영삼은 "미국은 독재 정권과 민주주의를 갈망하는 대다수 국민 가운데 하나를 선택할 때가 되었다"고 발언했다. 김영삼은 의원직 제명에 대해 "닭 모가지를 비틀어도 새벽은 온다"는 말을 남겼다.

10월 16일에는 부마항쟁(부마민주항쟁)이 일어났다. 부산대학교를 시작으로 시위는 도심으로 확대되었고, 시민들도 응원하고 같이 참여하기 시작했다. 민중의 주도적 참여와 도시 봉기로서의 모습이 두드러지기도 했다. 즉 고급 주택이나 고층 건물 그리고 파출소나 세무서와 같은 공공건물이 주된 공격 대상이 되었다. 부산에서 시작된 항쟁이 불길처럼 번지자 박정희 정권은 부산에 계엄령, 마산·창원에 위수령을 선포했다. 지역으로 파견된 공수부대는 총검을 꽂은 채 시위대로 돌진해 닥치는 대로 총을 휘둘렀다. 최근 언론 보도에 따르면 당시 전두환 보안사령관이 부산을 방문, 시위대에 대한 강경 진압을 강조했다. 이때 부산에 투입된 3공수여단은 1년도 지나지 않아 1980년 5월 광주 시내에 투입되었다.

이러한 사건들은 유신 체제 균열의 신호였다. 박정희 측근 세력은 부마항쟁의 해결 방안을 놓고 갈등을 겪었고 이는 끝내 10·26으로 비화되었다. 1979년 10월 26일 궁정동 안가에서 중앙정보부장 김재규가 박정희를 살해하며 유신 체제는 사실상 붕괴되었다.

» 49 «

12·12 쿠데타와 '서울의 봄'

10·26 바로 다음 날 제주도를 제외한 전국에 비상계엄령이 선포되었다. 대통령의 죽음이라는 비상사태를 극복하고 유신 체제라는 비정상적 체제를 정상화해야 했다. 최규하 대통령 권한대행, 정승화 육군참모총장(계엄사령관), 전두환 보안사령관(계엄사 합동수사본부장), 김영삼·김대중·김종필 등 기존 정치인들이 이러한 임무를 부여받았다. 11월 10일 최규하는 "기존 유신헌법에 의해 대통령 선거를 실시하고, 선출된 대통령은 임기를 채우지 않고 빠른 기간 내에 헌법을 개정하고 이에 따라 선거를 실시해야 한다"는 특별담화를 발표했다. 유신체제의 완전한 철폐를 요구하는 재야·학생층의 반발이 있었지만 결국 12월 6일 최규하가 대통령에 당선되었다. 12월 8일 김대중 가택연금 해제와 함께 1975년부터 계속된 긴급조치 9호가 마침내 해제되었다. 비정상적 정치 체제는 정상화를 향해 나아가고

있는 것 같았다. 그러나 12월 12일 군사쿠데타가 발생했다.

당시 정승화 육군참모총장 겸 계엄사령관은 전두환을 12월 13일 개각과 함께 예정된 육군 보직 인사에서 동해안경비사령관으로 발령 내려고 했다. 12·12 쿠데타는 미리 이 정보를 입수한 전두환과 군대 내 사조직인 '하나회'가 중심이 되어 벌인 군사 반란이었다. 국방부 장관의 승인과 대통령의 재가가 없는 상황에서 이들은 정승화를 체포했다. 12·12 쿠데타에는 전방에 배치된 9사단의 29연대도 동원되었다. 이 부대의 사단장은 노태우였다. 보안사령부 소속 감청 부대는 각 부대의 무선망을 도청하며 쿠데타 진압 명령과 출동을 저지했다. 그렇게 신군부가 쿠데타에 성공해 군을 장악한 가운데 최규하가 '허수아비' 대통령으로 취임했다.

유신 체제에 뒤이은 12·12 쿠데타라는 '겨울공화국'에도 봄은 오는 듯했다. 쿠데타 이듬해 민주화 열기가 가득했던 그 계절을 언론은 '서울의 봄'으로 불렀다. 1980년 2월 29일 최규하 정부는 김대중, 윤보선, 지학순 등 긴급조치 위반자 687명에 대한 사면 복권을 단행했다. 이후 최규하 정부와 신현확 국무총리, 공화당의 김종필, 신민당의 김영삼, 재야의 김대중 등은 각각 개헌 문제를 논의하는 한편 대통령 후보 경쟁을 가속화하기 시작했다. 대학가에서는 총학생회를 부활시키고 학원 민주화를 요구하고 나섰다. 4월 강원도 정선군 사북읍 동원탄좌 사북광업소에서는 열악한 노동 조건 개선과 임금 인상, 어용 노조 퇴진을 요구하는 탄광 노동자들과 주민들의 항쟁이 일어났다. 이 사건으로 81명에 달하는 사람이 기소되었다.

그동안 신군부는 집권을 위한 사전 작업을 충실히 시행하고 있었다. 1980년 2월 육군본부는 특전부대 중심으로 폭동진압교육훈련인 '충정훈련'을 강화하라는 지시를 내렸다. 공수부대원들은 실전과 같은 반복적인 충정훈련에 지쳐갔고, 학생들의 데모에 대한 불만이 쌓이고 있었다. 학생과 시민들의 시위로 자신들이 고생을 하고 있다는 생각이었다. 보안사령부 정보처 언론반은 'K-공작'을 통해 여론을 신군부에 호의적인 방향으로 돌리고 있었다. 'K-공작'은 이후 언론 통폐합, 언론인 해직, 보도검열 지침 등으로 이어졌다.

제각기 움직이던 정치권, 학생, 신군부의 움직임은 5월에 들어서로 맞물렸다. 개학 후 학생운동에 나섰던 학생들은 일시적으로 시위를 중단했다. 학생 시위로 인한 군대 개입을 사전에 방지한다는 생각이었다. 정치권에서는 국회를 다시 열어 계엄 해제를 비롯한 여러 논의를 시작하자는 쪽으로 의견이 모아졌다. 신군부는 두 번째 쿠데타로 대응했다. 즉 비상계엄을 전국으로 확대하는 한편 모든 정치 활동을 중단시켰다. 또 예비검속 대상자들인 권력형 부정축재 혐의자들(김종필, 이후락 등), 사회 혼란 조성 및 소요 관련 배후 조종 혐의자들(김대중, 문익환, 인명진, 리영희 등)을 연행했다. 군대도 동원되어 5월 18일 새벽까지 전국에 2만 4,740명의 계엄군이 배치되었다. 계엄군 병력 가운데 90% 이상은 휴교령이 내려진 대학에 배치되었다. 학교를 점령한 공수부대원들은 학교에 남아 있던 학생들에게 폭력을 휘둘렀다.

비상계엄의 전국 확대와 휴교령으로 전국이 잠잠해진 가운데 5월

18일 오전 광주에서 수백 명의 학생들이 시위를 벌이기 시작했다. 경찰이 시위 진압에 나섰고 얼마 후 전남대와 조선대 등 대학에 주둔한 7공수여단에도 출동 명령이 내려졌다. 같은 날 서울에 주둔하고 있던 11공수여단의 광주 파병도 결정되었다. 광주에 투입된 공수부대는 시민들에게 무차별적인 폭력을 자행했다. 공수부대의 무자비한 만행에 시민들은 두려워하면서도 시위대에 가담하고 있었다. 5월 20일 택시·버스·트럭을 앞세운 차량 시위가 전개되었고, 21일 금남로에는 10만여 명의 시민들이 모여들었다. 공수부대는 집단 발포와 조준 사격으로 대응했다. 이에 시민들은 무기를 들고 무장하여 계엄군과 총격전을 벌였고 계엄군과 경찰들에게는 철수 명령이 내려졌다. 철수한 계엄군은 광주 외곽을 봉쇄, 광주를 고립시켰다. 결국 5월 27일 '상무충정작전'이 개시되면서 항쟁은 마무리되었다. 이날 광주에서는 외국인과 시민들에게 외출하지 말라는 안내와 함께 탱크와 총소리, 헬기 소리가 울려 퍼졌다.

광주를 무력으로 짓밟은 전두환 신군부는 집권을 향해 나아갔다. 5월 31일 정부는 '국가보위비상대책위원회(국보위)'를 설치했다. 국보위의 핵심은 상임위원회였는데 상임위원의 과반수는 현역 군인이었고 위원장은 전두환이었다. 국보위는 '숙정', '정화'라는 이름하에 대대적인 작업을 실시했다. 「창작과 비평」 등 정기간행물 172종이 강제 폐간되었고, 다수의 교수·언론인·공직자들이 쫓겨났다. 8월 16일 최규하는 대통령직 사임을 발표했고, 8월 27일 통일주체국민회의는 총 투표자 2,525명 가운데 2,524표를 얻은 전두환을 대통령으로 선출했다. 10월 22일에는 국민 투표를 거쳐 헌법이 확정되었다. 이 헌법은 유신 헌법과 비교하여 다소 차이가 있지만 대통령을 선거인단이 선출하도록 했고, 제1당이 '전국구(비례대표)'의 3분의 2를 차지하도록 하는 등 정부·여당에 유리한 성격을 가졌다.

제5공화국이 출범하는 동안 미국은 어떤 입장을 취했을까. 5·18 당시 미국은 항공모함 코랄씨호를 한국 근해에 파견하는 한편 조기 진압과 20사단의 작전 투입에 동의했다. 미국은 사회 안정과 안보라는 측면에서 신군부의 손을 들어주었다. 게다가 레이건의 공화당 정권이 들어서고 '신냉전'이 대두하면서 민주주의보다는 강력한 반공주의 동맹 정권인 한국과의 관계가 우선시되었다. 전두환은 1981년 1월 28일 레이건의 초청으로 미국을 방문, 2월 3일 정상회담에서 주한 미군 철수 백지화 등을 발표했다. 그러나 미국으로서는 10·26 이후 점화하기 시작한 민주주의를 향한 한국 사회의 열망 역시 무시할 수는 없었다. 카터와 레이건 행정부 모두 김대중 구명을 위해 움직였고, 그 결과 1월 23일 김대중은 사형에서 무기징역으로 감형되었다. 다음 날에는 400일 넘게 계속된 비상계엄이 전면 해제되었다.

» 50 «

전두환 정권의 성립과
1980년대 민주화운동

헌법을 만든 전두환 정권은 총선을 앞두고 보안사와 중앙정보부 등 정보기관을 동원하여 집권당뿐만 아니라 야당까지 직접 창당했다. 정가에서는 1대대(민정당), 2중대(민한당), 3소대(국민당)라는 말이 떠돌았고 민한당과 국민당은 관제 야당답게 정부 여당과 종속적 밀월 관계를 지속했다. 총선 결과 민정당은 151석, 민한당은 81석, 국민당은 25석을 차지했다.

전두환 신군부의 인권 유린은 광주를 짓밟는 데 그치지 않았다. 국보위는 1980년 8월부터 12월까지 '사회악 사범'이라는 이름하에 6만여 명을 체포했다. 이 중 4만 명가량은 전국 각지의 군부대에서 '순화 교육'을 받았는데 교육 대상은 학생, 노조원, 언론인, 군 장성, 공무원 등 다양했다. '삼청 교육'으로 불린 순화 교육은 가혹한 훈련과 구타 등으로 진행되었다. 휴식과 자유 시간은 전혀 없었으며 취침 시간에도 두 시간 간격으로 훈련과 기상이 반복되었다. 삼청 교육대에 끌려간 사람들 가운데 상당수는 교육이 끝나고 보호 감호 처분을 받았다. 1981년 1월 7천여 명이 보호 감호 처분을 받았으며 삼청 교육 대상자 중 순화되지 않았다고 당국이 지목한 사람들은 전방 부대에서 근로 봉사를 해야 했다.

1983년에 들어와 전두환 정권은 '국민 화합 조치'라는 선언으로 유화 국면을 조성했다. 이는 경제적 성과와 법·제도적 안전장치 확보 등에 힘입은 전두환 정권의 자신감의 표현이자 국제 여론을 의식하는 행동이었다. 1983년 11월 레이건 미국 대통령의 방한, 1984년 5월 교황 방한, 1986년 아시안 게임과 1988년 올림픽 개최 등을 앞두고 있었던 것이다. 이에 따라 전두환 정권은 정치인·학생·교수 등의 해금·복학·복직 등을 차례로 단행했다. 유화 국면을 계기로 재야 정치인들이 주축이 된 민주화추진협의회가 결성되었고 대학에서는 총학생회가 부활하는 등 학생운동이 활발하게 전개되었다.

1985년 2월 12일 실시된 총선거는 84.6%라는 5·16 쿠데타 이후 최대 투표율을 기록하며 정치에 대한 관심을 불러 모았다. 김영삼·김대중의 신민당은 서울에서 민정당의 27%보다 높은 42.7%를 득표하는 등 선전하며 67석을 차지했다. 2·12 총선의 성과를 바탕으로 신민당은 대통령 직선제 개헌을 요구하고 나섰다. 전두환 정권은 군사 작전을 펴듯 모든 힘을 쏟아 개헌을 요구하는 세력들을 초토화하는 것으로 대응했다. 1986년 10월 "우리나라의 국시는 반공보다 통일이어야 한다"는 취지의 발언을 한 유성환 의원이 구속되

었다. 면책 특권이 있는 국회 본회의에서의 발언이었지만 그는 국가
보안법 위반으로 기소되었다.

10월 28일부터 31일에 걸쳐 해방 이후 단일 사건으로 가장 많
은 인원을 체포·구속한 건국대 사태가 일어났다. 건국대에서 학생
들의 시위가 일어나자 경찰은 학교를 포위했다. 경찰이 철수하지 않
자 대부분의 학생들은 건물을 옮겨가며 농성에 돌입했다. TV와 신
문에서 건국대 사태가 '과격 용공분자의 난동 사건'이라고 대대적으
로 보도하자, 학생들은 손나발을 만들어 "애국 시민 여러분, 우리는
빨갱이가 아닙니다. 우리는 민주주의를 꿈꾸는 애국 학생들입니다"
라고 외쳤다. 10월 31일 헬기, 소방차 등을 동원하여 8천 명에 육박
한 경찰들이 진압에 나섰다. 이 사건으로 여학생 513명을 포함한
1,525명이 연행되었고 이 중 1,288명이 구속되었다. 건국대 진압
이 있기 하루 전인 10월 30일 건설부 장관은 북한이 건설을 추진하
고 있는 용량 80만 킬로와트 이상의 금강산 발전소 댐이 붕괴하면
수도권 등지가 황폐화한다고 주장했다. 북한이 이 댐을 무너뜨리면
200억 톤의 물이 방류되어 63빌딩 중턱까지 차오를 수 있다는 이
야기였다. 전두환 정권은 이에 대응할 댐을 건설하기 위한 성금 운
동 등을 적극적으로 벌였다.

1987년 1월 개헌-민주화운동 세력에 대한 전두환 정권의 초토
화 작전을 일거에 무색하게 만드는 사건이 일어났다. 1월 14일 남
영동 치안본부 대공분실 취조실에서 조사를 받던 서울대학교 언어
학과 3학년 박종철이 물고문을 받다가 사망한 것이다. 다음 날 중앙

일보 신성호 기자는 우연히 대검찰청 청사에서 "경찰들 큰일 났어!"라는 말을 듣고 사건을 보도했다. 그날 오후 강민창 치안본부장은 "수사관이 주먹으로 책상을 '탁' 치며 혐의 사실을 추궁하자 갑자기 '억' 하며 책상 위로 쓰러졌다"고 발표했다. 16일 동아일보는 시신을 최초로 본 내과의와 부검에 관여한 한양대 병원 의사의 증언을 확보, 박종철의 죽음이 단순 쇼크사가 아니라 고문치사임을 보도했다.

박종철 고문치사 사건이 언론을 통해 보도되자 이를 규탄하는 성명과 추모제 그리고 시위 등이 전개되었다. 19일 치안본부는 자체 수사 결과를 발표하고 경관 두 명을 고문치사의 책임자로 구속했다. 2·7 추도대회와 3·3 평화대행진 이후 시위 열기는 잠잠해지고 있었다. 4월 13일 전두환은 특별 담화를 통해 "이제 본인은 임기 중 개헌이 불가능하다고 판단하고, 현행 헌법에 따라 내년 2월 25일 본인의 임기와 더불어 후임자에게 정부를 이양할 것"이라고 밝혔다. '4·13 호헌 조치'였다. 이 발표는 민주화운동 세력과 시민들을 자극하여 개헌 열기를 되살아나게 만들었다. 5월 18일 천주교정의구현전국사제단은 명동성당에서 "박종철군 고문치사 사건의 진상이 조작되었다"고 폭로했다.

민정당 대통령 후보 지명 대회가 예정된 6월 10일 '고문살인 은폐규탄 및 호헌철폐 국민대회'가 열렸다. 같은 날 비슷한 시기에 수많은 도시에서 '호헌철폐', '독재타도', '민주쟁취'라는 구호가 울려 퍼졌다. 전두환 정권은 5만 8천 명의 경찰을 투입했지만 역부족이었다. 경찰의 무차별 최루탄 발사에 시위대는 명동성당으로 들어가

투쟁을 이어갔다. 경찰은 명동성당 주변을 에워싸고 시위대를 해산하려고 했다. 시위대는 돌과 화염병으로 맞섰고 명동성당 김병도 주임 신부는 "명동성당에서 이렇게 최루탄을 쏘는 것은 예수께 총부리를 대는 것이다. 만일 계속 최루탄을 쏜다면 전두환 정권이 가톨릭교회에 도전하는 것으로 간주하겠다"고 강력히 경고했다. 서울 동부 지역 학생들은 명동 출정식을 열고 성당으로 향했고, '넥타이 부대'도 등장하기 시작했다. 지방에서도 시위가 계속되자 전두환은 6월 14일 "명동성당은 오늘 자정을 기해 전부 풀어주시오. 안 잡을 테니 나가라고 해요"라고 지시했다.

6월 22일 전두환은 노태우와 직선제 개헌, 김대중 사면 복권 등을 논의했지만 최종 결정은 하지 않았다. 6월 26일 또 한 번의 대규모 시위가 전개되었다. 전두환은 강경한 진압을 지시했지만 수많은 지역에서 제대로 대응할 수 없었다. 27일 노태우는 박철언과 다섯 시간이 넘도록 선언문을 가다듬었다. 28일 전두환은 김성익 비서를 불러 담화문 작성을 논의하며 "군대가 나오면 항상 쿠데타 위험이 있어"라고 털어놓았다. 동원된 군대가 어느 편에 설지, 그 안에서 제2의 박정희·전두환이 나올지 장담할 수 없었던 것이다. 29일 노태우는 직선제 개헌과 김대중 사면 복권을 골자로 한 특별선언을 읽었다.

6·29 선언 직후 김영삼과 김대중이 각각 대통령 후보에 나선 결과 36.6%를 획득한 노태우가 대통령에 당선되었다. 이 선거로 6월 항쟁의 성과는 반 토막이 되었고 영호남 갈등은 심화되었다. 유

세 과정에서부터 김영삼과 김대중은 폭력 사태를 경험했다. 11월 1일 부산 유세를 마친 김대중의 숙소에 300여 명의 폭도가 몰려와 호텔 현관을 부수고 각목을 던졌으며, 11월 14일 김영삼은 광주 유세에서 돌 세례를 받고 피신했다. 선거 결과 노태우는 대구와 경북 지역에서 70.7%와 66.4%를, 김영삼은 부산과 경남에서 56.0%와 51.3%를, 김대중은 광주와 전남에서 94.4%와 90.3%를, 김종필은 충남에서 45.0%의 지지를 획득했다. 지역주의 투표 성향은 1988년 4·26 총선에서 더 두드러졌다. 김대중의 평민당은 광주와 전남북 37개 선거구 중 36개에서, 김영삼의 민주당은 부산의 15개 중 14개에서, 노태우의 민정당은 대구의 8개 모두와 경북의 21개 중 17개에서, 김종필의 공화당은 충남의 18개 중 13개에서 당선되었다.

지난한 세월이 지나 군부독재정권을 무너뜨렸지만 그 결과는 지역 갈등의 심화라는 현상으로 드러났다. 실망스러운 결과라 할 수 있지만 역사를 되짚어보면 30년이 넘는 일제강점기가 끝나자마자 냉전의 영향으로 한반도에는 좌우 대립이 격화했다. 그러나 여러 갈래로 나뉘는 것이 꼭 나쁘다고 볼 수는 없다. 갈등은 사회가 안고 있는 문제를 드러냄으로써 해결책과 새로운 대안을 찾도록 긍정적으로 작용할 수 있다. 다양한 주장이 펼쳐진다는 것은 그 체제가 역동성을 가졌음을 의미한다. 효율성만을 좇는다면 '다른 목소리'는 무시당하기 쉽다. 불확실하고 시끄럽고 삐걱거려도 작동하는 것이 민주주의이기 때문이다.

참고 문헌

KBS 역사저널 그날 제작팀, 『역사저널 그날 고려 편 3: 만적에서 배중손까지』, 민음사, 2019.

KBS 역사저널 그날 제작팀, 『역사저널 그날 고려 편 4: 충렬왕에서 최영까지』, 민음사, 2019.

tvN STORY '벌거벗은 한국사' 제작팀, 『벌거벗은 한국사: 권력편』, 프런트페이지, 2023.

tvN STORY '벌거벗은 한국사' 제작팀, 『벌거벗은 한국사: 사건편』, 프런트페이지, 2022.

강명관, 『조선시대 책과 지식의 역사』, 천년의상상, 2014.

강문식 외, 『왕과 아들, 조선시대 왕위 계승사』, 책과함께, 2013.

강상중·현무암, 『기시 노부스케와 박정희』, 책과함께, 2012.

구범진, 『1780년, 열하로 간 정조의 사신들』, 21세기북스, 2021.

구범진, 『병자호란, 홍타이지의 전쟁』, 까치, 2019.

권보드래 외, 『1970 박정희 모더니즘: 유신에서 선데이서울까지』, 천년의상상, 2015.

권보드래·천정환, 『1960년을 묻다: 박정희 시대의 문화정치와 지성』, 천년의상상, 2012.

권소현 외, 『민음 한국사: 16세기, 성리학 유토피아』, 민음사, 2014.

권오영, 『고대 동아시아 문명 교류사의 빛 무령왕릉』, 돌베개, 2005.

권오영, 『미래를 여는 한국 고대사』, 서울대학교출판문화원, 2022.

권오영, 『삼국시대, 진실과 반전의 역사』, 21세기북스, 2020.

규장각한국학연구원, 『조선 사람들의 동행』, 글항아리, 2021.

기경량 외, 『신라는 정말 삼국을 통일했을까: '삼국통일'을 둘러싼 해석과 논쟁』, 역사비평사, 2023.

김갑동, 「고려의 건국 및 후삼국통일의 민족사적 의미」, 『한국사연구』 143, 2008.

김갑동, 「고려의 후삼국 통일」, 『한신인문학연구』 1, 2000.

김건우, 『대한민국의 설계자들: 학병세대와 한국 우익의 기원』, 느티나무책방, 2017.

김경일 외, 『한국현대 생활문화사 1970년대: 새마을운동과 미니스커트』, 창비, 2016.

김기섭, 『21세기 한국 고대사』, 주류성, 2020.

김백철 외, 『민음 한국사: 18세기, 왕의 귀환』, 민음사, 2014.

김보광, 「고려 인종대 대(對)여진(금) 관계 설정과 현실주의적 대응」, 『아시아문화연구』 51, 2019.

김성보 외, 『한국현대 생활문화사 1960년대: 근대화와 군대화』, 창비, 2016.

김연수, 『밤은 노래한다』, 문학과지성사, 2008.

김영하, 『신라중대사회연구』, 일지사, 2007.

김영하, 『한국고대사의 인식과 논리』, 성균관대학교출판부, 2012.

김용선, 「과거와 음서」, 『한국사 시민강좌』 46, 2010.

김원, 「60~70년대 기지촌 게토화의 변곡점: 특정지역, 한미친선협의회, 그리고 기지촌 정화운동」, 『역사비평』 112, 2015.

김원, 『박정희 시대의 유령들: 기억, 사건 그리고 정치』, 현실문화, 2011.

김인호 외, 『고려시대사 1: 정치와 경제』, 푸른역사, 2017.

김인희 외, 『전사들의 황금제국 금나라』, 동북아역사재단, 2021.

김자현, 주채영 옮김, 『임진전쟁과 민족의 탄생』, 너머북스, 2019.

김종헌, 「특집: 근대한러관계연구: 아관파천과 한러관계의 진전; 을미사변 이후 아관파천까지 베베르의 활동」, 『사림』 35, 2010.

김진성, 「1882년 임오군란 직후 조·청 관계와 변법개화파의 대청(對淸) 인식」, 성균관대학교 사학과 석사학위논문, 2011.

김태식, 「가야사 인식의 변화와 역사 교과서」, 『제21기 가야학 아카데미 자료집』, 국립김해박물관, 2020.

김태웅·김대호, 『한국 근대사를 꿰뚫는 질문 29』, 아르테, 2019.

김현주, 「5·16 쿠데타세력의 유사 민간정권 창출」, 경북대 사학과 박사학위논문, 2017

김호동, 『몽골제국과 세계사의 탄생』, 돌베개, 2010.

김호동, 『아틀라스 중앙유라시아사』, 사계절, 2016.

노명호 외, 『고려 역사상의 탐색: 국가체계에서 가족과 삶의 문제까지』, 집문당, 2017.

노영기, 『그들의 5·18: 정치군인들은 어떻게 움직였나』, 푸른역사, 2020.

대성동고분박물관, 『비밀의 문 다시 두드리다』, 대성동고분박물관, 2017.

동북아역사재단, 『고조선 단군 부여』, 동북아역사재단, 2007.

리처드 루드글리, 우혜령 옮김, 『바바리안: 야만인 혹은 정복자』, 뜨인돌, 2004.

리처드 에번스, 『역사학을 위한 변론』, 소나무, 1999.

만인만색연구자네트워크 미디어팀, 『만인만색 역사공작단』, 서해문집, 2021.

문정인 외, 『1950년대 한국사의 재조명』, 선인, 2004.

문중양, 「세종대 과학기술의 '자주성', 다시 보기」, 『역사학보』 189, 2006.

민주화운동기념사업회 연구소, 『한국민주화운동사 1』, 돌베개, 2008.

민주화운동기념사업회 연구소, 『한국민주화운동사 2』, 돌베개, 2009.

박근환, 『조선초기 현물재정 운영과 조용조 체제의 성립』, 서울대학교 국사학과 석사학위논문, 2021.

박은숙, 『갑신정변 연구』, 역사비평사, 2005.

박종기, 『새로 쓴 오백년 고려사: 역사학자 박종기의 정통 고려 역사』, 휴머니스트, 2020.

박찬승, 『한국근대정치사상사연구: 민족주의 우파의 실력양성운동론』, 역사비평사, 1992.

박천수, 『고대 한일교류사』, 경북대학교출판부, 2023.

박태균, 『베트남전쟁: 잊혀진 전쟁, 반쪽의 기억』, 한겨레출판, 2015.

박태균, 『우방과 제국, 한미관계의 두 신화: 8·15에서 5·18까지』, 창작과비평사, 2006.

박태균, 『한국전쟁: 끝나지 않은 전쟁, 끝나야 할 전쟁』, 책과함께, 2005.

배항섭, 「전봉준과 대원군의 '밀약설' 고찰」, 『역사비평』 41, 1997.

서중석 외, 『6월 민주항쟁: 전개와 의의』, 한울, 2017.

서중석, 『사진과 그림으로 보는 한국 현대사(개정증보판)』, 웅진지식하우스, 2013.

서중석, 『이승만의 정치 이데올로기』, 역사비평사, 2005.

서중석, 『한국현대민족운동연구: 해방 후 민족국가 건설운동과 통일전선』(2판), 역사비평사, 1992.

손병규, 「'삼정문란'과 '지방 재정 위기'에 대한 재인식」, 『역사비평』 101, 2012.

손승철, 『조선통신사: 평화외교의 길을 가다』, 동북아역사재단, 2022.

송기호, 『강 넘고 바다 건너』, 서울대학교출판문화원, 2016.

송기호, 『발해를 찾아서』, 솔, 2017.

송호정, 『단군, 만들어진 신화』, 산처럼, 2004.

신동원, 『신동원 교수의 한국과학문명사 강의』, 책과함께, 2021.

신복룡 외, 『청일·러일전쟁의 기억과 성찰』, 전쟁기념관, 2014.

안정준, 『반전의 한국사』, 웅진지식하우스, 2022.

에드워드 슐츠, 『무신과 문신: 한국 중세의 무신 정권』, 글항아리, 2014.

역사문제연구소 편, 『1950년대 남북한의 선택과 굴절』, 역사비평사, 1998.

연갑수 외, 『한국 근대사 1: 국민 국가 수립 운동과 좌절』, 푸른역사, 2016.

와다 하루키 외, 『동아시아 근현대통사』, 책과함께, 2018.

와다 하루키, 『와다 하루키의 북한 현대사』, 창비, 2014.

유선영, 『식민지 트라우마: 한국 사회 집단 불안의 기원을 찾아서』, 푸른역사, 2017.

육정임, 「고려·거란 '30년 전쟁'과 동아시아 국제질서」, 『동북아역사논총』 34, 2011.

윤선태, 「가야, 고대의 '변경'」, 『동아시아의 열린 공간, 가야(학술대회 자료집)』, 국립김해박물관, 2023.

윤충로, 『베트남전쟁의 한국 사회사: 잊힌 전쟁, 오래된 현재』, 푸른역사, 2015.

이규철, 「조선초기의 대외정벌과 대명의식」, 가톨릭대 국사학과 박사학위논문, 2013.

이명미, 「역사·한국사 교과서 '고려 – 몽골 관계' 서사 재구성 제안」, 『역사교육』 160, 2021.

이민우, 「조선 초기 조용조에 대한 이해와 부세제도 개혁의 방향」, 『사림』 79, 2022.

이상호 외, 『역사책에 없는 조선사』, 푸른역사, 2020.

이영미, 「대마초사건, 그 1975년의 의미」, 『역사비평』 2015년 가을호.

이영식, 『이야기로 떠나는 가야 역사여행』, 지식산업사, 2009.

이재정, 『활자본색: 우리가 몰랐던 조선 활자 이야기』, 책과함께, 2022.

임경석, 『한국 사회주의의 기원』, 역사비평사, 2003.

전덕재, 「신라 말 농민봉기의 원인과 통치체제의 와해」, 『역사와 담론』 98, 2021.

젊은역사학자모임, 『욕망 너머의 한국 고대사』, 서해문집, 2018.

젊은역사학자모임, 『한국 고대사와 사이비역사학』, 역사비평사, 2017.

정근식·이호룡 편, 『4월혁명과 한국민주주의』, 선인, 2010.

정다함, 「조선 초기의 '정벌', 천명, 시계, 달력, 그리고 화약무기」, 『역사와 문화』 21, 2011.

정병준, 『우남 이승만 연구』, 역사비평사, 2005.

정병준, 『현앨리스와 그의 시대: 역사에 휩쓸려간 비극의 경계인』, 돌베개, 2015.

정성희 외, 『실학, 조선의 르네상스를 열다』, 사우, 2018.

정용숙, 「신라의 여왕(女王)들」, 『한국사 시민강좌』 15, 1994.

정용욱, 『존 하지와 미군 점령 통치 3년』, 중심, 2003.

조경달, 『근대 조선과 일본』, 책과함께, 2015.

조경달, 『민중과 유토피아』, 역사비평사, 2009.

조경달, 『식민지 조선과 일본』, 한양대학교출판부, 2015.

주보돈, 「가야사 새로 읽기」, 『제21기 가야학 아카데미 자료집』, 국립김해박물관, 2020.

주진오 외, 『한국 여성사 깊이 읽기: 역사 속 말없는 여성들에게 말 걸기』, 푸른역사, 2013.

주진오, 「19세기 후반 개화 개혁론의 구조와 전개」, 연세대학교 사학과 박사학위논문, 1995.

지두환, 「세종대 동아시아 정치상황」, 『한국학연구』 51, 2014.

최병식 외, 『스러져간 백제의 함성: 한국사 최초의 국권회복운동 '백제부흥운동'』, 주류성, 2020.

캐서린 H. S. 문, 『동맹속의 섹스』, 삼인, 2002.

하종문, 『일본사 여행』, 역사비평사, 2014.

한국고대사학회, 『우리 시대의 한국고대사 2』, 주류성, 2017.

한국사연구회 편, 『새로운 한국사 길잡이 하: 제3판 한국사연구입문』, 지식산업사, 2008.

한국역사연구회 4월민중항쟁연구반, 『4·19와 남북관계』, 민연, 2001.

한국역사연구회, 『시민의 한국사 1·2』, 돌베개, 2022.

한국역사연구회, 『한국 고대사 산책』, 역사비평사, 2017.

한국중세사학회 편, 『21세기에 다시 보는 고려시대의 역사』, 혜안, 2018.

한국학중앙연구원, 『조선의 왕으로 살아가기』, 돌베개, 2011.

한명기 외, 『쟁점 한국사: 전근대편』, 창비, 2017.

한영우, 『정조 평전: 성군의 길 상·하』, 지식산업사, 2017.

호사카 유지, 『신친일파: 반일 종족주의의 거짓을 파헤친다』, 봄이아트북스, 2020.

홍석률, 『분단의 히스테리: 공개문서로 보는 미중관계와 한반도』, 창비, 2012.

홍순민, 「정치운영과 왕권의 추이: 왕권의 위상 변동에 따른 조선 정치사 개관」, 『조선시대사 1: 국가
와 세계』, 푸른역사, 2015.

홍승기, 「후삼국의 분열과 왕건에 의한 통일」, 『한국사 시민강좌』 5, 1989.

황병주, 「박정희 체제의 지배담론: 근대화 담론을 중심으로」, 한양대학교 사학과 박사학위논문,
2008.

도판 출처

- 이 책에 수록된 도판은 공공누리 제1유형에 따라 해당 기관(아래 기관명 명시)의 공공저작물을 이용하였습니다.
- 일부 출처가 불분명하거나 오류가 있을 경우, 사실을 확인하는 대로 통상의 기준에 따라 승인 절차를 밟고 바로잡겠습니다.

1. 13쪽 강화 참성단 ©인천광역시
2. 18쪽 광개토대왕릉비 ©국립중앙박물관
3. 19쪽 광개토대왕릉비 탁본 ©국립중앙박물관
4. 24쪽 무령왕릉 내부 ©국립중앙박물관
5. 25쪽 무령왕릉에서 발굴된 유물 ©국립중앙박물관
6. 26쪽 백제 금동대향로 ©한국학중앙연구원
7. 31쪽 기마 인물형 토기 ©국립경주박물관
8. 38쪽 경주 분황사 모전 석탑 ©국립문화재연구소
9. 43쪽 부여 정림사지 오층 석탑 ©문화재청
10. 50쪽 고구려와 발해의 연꽃무늬 수막새 ©국립중앙박물관
11. 54쪽 논산 개태사 ©개태사 주지 양산
12. 67쪽 「척경입비도」 고려대학교박물관 ©Wikimedia Commons(Public domain)
13. 84쪽 『직지』 ©한국학중앙연구원
14. 85쪽 고려 금속활자 ©국립중앙박물관
15. 89쪽 태조 이성계 어진 ©한국학중앙연구원
16. 99쪽 『칠정산』 내편과 외편 ©한국학중앙연구원
17. 100쪽 앙부일구 ©국립고궁박물관
18. 115쪽 「혼일강리역대국도지도」 ©한국학중앙연구원

19. 119쪽 「동래부순절도」 ⓒ육군박물관

20. 124쪽 삼전도비 ⓒ한국학중앙연구원

21. 135쪽 탕평비 ⓒ한국학중앙연구원

22. 142쪽 흥선대원군 ⓒ국립중앙박물관

23. 142쪽 척화비 ⓒ한국학중앙연구원

24. 148쪽 갑신정변을 일으킨 사람들 ⓒ한국학중앙연구원

25. 152쪽 사발통문 ⓒ한국학중앙연구원

26. 158쪽 고종 ⓒWikimedia Commons(Public domain)

27. 159쪽 환구단 ⓒ한국관광공사

28. 164쪽 1907년 영국의 신문 기자가 양평에서 촬영한 한국의 의병들 ⓒ한국학중앙연구원

29. 172쪽 조선물산장려회 포스터 ⓒ한국학중앙연구원

30. 174쪽 대한민국 임시정부 신년하례회 ⓒWikimedia Commons(Public domain)

31. 178쪽 관동 대지진 때 일본 자경단이 저지른 한국인 학살 ⓒ한국학중앙연구원

32. 180쪽 홍범도 ⓒWikimedia Commons(Public domain)

33. 191쪽 카이로 회담에 참석한 장제스, 루스벨트, 처칠 ⓒWikimedia Commons(Public domain)

34. 193쪽 38도선 ⓒWikimedia Commons(Public domain)

35. 201쪽 신탁통치 반대 운동 ⓒWikimedia Commons(Public domain)

36. 210쪽 남북협상을 위해 북으로 향한 김구 일행 ⓒWikimedia Commons(Public domain)

37. 217쪽 폭파된 한강 인도교와 철교 ⓒWikimedia Commons(Public domain)

38. 223쪽 이승만 대통령 ⓒWikimedia Commons(Public domain)

39. 228쪽 4·19 혁명 ⓒWikimedia Commons(Public domain)

40. 238쪽 5·16 쿠데타를 일으킨 박정희 ⓒWikimedia Commons(Public domain)

41. 241쪽 육군 맹호부대 장병 환송식 ⓒWikimedia Commons(Public domain)

42. 245쪽 광주대단지 사건 ⓒ서울역사박물관

43. 248쪽 생포된 김신조 ⓒ한국학중앙연구원